Heinrich Köppen

Verzeichniss der Idiotismen in plattdeutscher Mundart

volkstümlich in Dortmund und dessen Umgegend

Heinrich Köppen

Verzeichniss der Idiotismen in plattdeutscher Mundart
volkstümlich in Dortmund und dessen Umgegend

ISBN/EAN: 9783743385122

Hergestellt in Europa, USA, Kanada, Australien, Japan

Cover: Foto ©ninafisch / pixelio.de

Manufactured and distributed by brebook publishing software
(www.brebook.com)

Heinrich Köppen

Verzeichniss der Idiotismen in plattdeutscher Mundart

Verzeichniss der Idiotismen in plattdeutscher Mundart

Heinrich Köppen

Verzeichniss

der

Idiotismen in plattdeutscher Mundart,

volksthümlich

in Dortmund und dessen Umgegend.

Gesammelt

von

Heinrich Köppen,

(geb. zu Dortmund am 1. December 1796)

veröffentlicht

von seinen Freunden und Verehrern.

Als Manuscript gedruckt.

Dortmund 1877.

Zu beziehen durch die **Köppen'sche** Buchhandlung (Otto Uhlig).

„Es ist ja allgemein anerkannt, dass die Mundarten die Quellen und Bäche sind, aus denen der grosse Strom der Sprache genährt wird. Jedes Gebiet hat daher auch die Pflicht, die auf ihm entspringenden Quellen zu hegen und zu pflegen, damit sie auch jetzt noch dem gemeinsamen Sprachschatz den nöthigen Zufluss bieten können."

„Da das Plattdeutsche seit Jahrhunderten aufgehört hat Schriftsprache zu sein, und der Dialekt nach und nach in eine grosse Anzahl von Mundarten zerfallen ist, so ist es schwer, die Prägnanz des niederdeutschen Ausdrucks wiederzugeben; daher muss jede Rechtschreibung, welche das Verständniss erleichtert, gebilligt werden."

Aa	(altdeuttsch aha) — fliessendes Wasser — aa maken! sagen noch heute die Mütter zu ihren kleinen Kindern.
achter	hinten (altsächsisch — aftra).
	achteran — hinterdrein.
	achterén — hintereinander.
	achterés — hinterwärts.
	achterhiär — hinterher (sein).
	Achterkante — Hinterseite.
	achteräwer — hintenüber.
	achterrügges — hinter dem Rücken.
	achterstiäcks — falsch, tückisch, hinterlistig.
	achterut — hintenaus.
	achterwiäge: dat lead du achterwiäge! — das lass du bleiben!
	drachter — dahinter.
	drachterhiär — dahinterher.
	after ist mit achter (nach) gleichbedeutend.
achts	(eine Art Suffix) — meines Erachtens, meinerachts.
Adder	die Natter (Coluber berus).
	ein böses Mädchen (altsäch.: nadder, niedersäch.: edder — Schlange).
Ackern (n)	ein kupferner Koch- oder Waschkessel. (Eckern, lateinisch abenum; griechisch ἐχῖνος ein kupfernes Gefäss in igelförmiger Gestalt.
Aelberte	Erdbeere.
ätetsken	ein klein bischen. (Ass, Aesken — in Bezug auf Münzen die kleinste Einheit).

Aexter	die: Elster.
af	ab (gothisch aff; altsächs.: af).
Afjacht	schroffe, abschlägige Antwort, Zurückweisung, einen Korb (bekommen).
a jas a jas	pfui, wie unartig!
afkappen	abhauen, abführen, zurückweisen.
Afköer	Zurückweisung, abschlägige Antwort.
afluxen	durch List, falsche Reden Einem etwas ablocken.
afmurksen	tödten, morden, würgen.
afrackern	sich abmühen, sich abarbeiten.
afschwmen	abdunsten.
afspenstig	abwendig (machen), davon abrathen.
aisig, aislik	unheimlich, schauerig, grausig — (goth.: agis die Furcht, der Schauer, altsäch.: egiso Schauder).
aisk, aisch	physisch oder moralisch, hässlich.
aiwen	foppen, ärgern, äffen, hänseln.
Ake (f)	ein unterirdischer Wasserabzug, Canal.
all bate bat!	eins kommt zum anderen, alles zu Rathe ziehen, (altdeutsch: bate: Vortheil, Gewinn).
all	schon (büss du all op? tis all guod!)
allaf!	das lobe ich mir!
allangs	ganz entlang.
alldage	täglich.
all derno	(et is allderno) je nachdem.
alleben	eben, deshalb, grade, darum.
allebotz	jedesmal.
all-ér	sonst, ehedem.
allért	munter, aufgeräumt, flink, hurtig, (franz.: alerte).
allerwells	besonders, bewandert: ein allerwells Kerl, ein wunderlicher Kauz.
Alfanzerigge	albernes Geschwätz, Aberwitz, dummes Zeug.
allmann	jedermann: allmanns Fründ.
allo!	wohlan (allo vorwärts)!
alltid	immer, zu jeder Zeit.
alltiss	allerdings, jedenfalls.
alltehop	alle zusammen, alle miteinander.
allüm	ringsum.
allwäg	allerdings, immer, jedesmal, auf jeden Fall.

anbeuten	einheizen, Feuer im Ofen anlegen. — He hiät dat Für anbott — He hiät sin Lüsten bott: er hat seine sinnlichen Lüste befriedigt. (altdeutsch: inboten, einheizen).
Anbiét	Inbiss (altdeutsch: anbet).
Anfluog	leichter Fieberanfall, Erkältung
Angeltrine	ein leichtfertiges Mädchen.
anke	alt, uralt — Ankevahr: Urgrossvater.
anmaken	Sei es am anmaken: Beginn der Schwangerschaft.
Anpart	Antheil, Part.
Anriehte (f)	Buffet.
anschieten	anführen, betrügen (bei Handel und Tausch).
Ansetter	Anstifter einer bösen Sache.
Antenpoot	Ententeich, Entenpfuhl. (altdeutsch: antenpôe, andenpoot.)
anwuosten	mit Mühe ein zu enges Kleid (Rock, Hose, Stiefel) etc. anziehen.
apen	äffen, verspotten, zum Besten haben. — Apenklaas: ein Tölpel, altdeutsch: apen.
Arönken	Alraun, kleine Hausgötter unserer Urväter (gewöhnlich aus der Alraunwurzel geschnitten), altdeutsch: alruneken, kleines Bild des Elfen Alraun. Die Wurzel der Zaunrübe (bryonia alba).
astrannt	barsch, heftig, schroff.
Aulamm oder **Eilamm**	ein weibliches Lamm, Mutterschaf (Sailamm: Sie-Lamm).
Aust	Augustmonat (altdeutsch: aust, auweste, owst).
Avegunst	Missgunst (altdeutsch: afgunst).
baas	tüchtig, brav. en heilen Baas: ein tüchtiger Mann (griechisch βασιλεύς Herrscher, Herr).
Babbe	Vater (ostfriesisch: babbe, beb: Väterchen).
babbeln	Etwas in hastiger Weise daherschwatzen.
Bäer	Eber, ein männliches Schwein.
Bäster	ein derber Knüppel zum dreinschlagen.
Bakeloas	ein plumper, roher, ungeschliffener Mensch.
Balken	Dachboden, Scheunenboden, (Balkendäster).

baselen	gedankenlos, träumend einhergehen; unsinnig, kopflos handeln.
baten	helfen, nützlich sein. — dat kann baten: helfen, bessern. et bat nix: es hilft nichts. det hiät bat: das hat geholfen. etwas zu bate giäven: unterstützen. (altdeutsch: bate: Vortheil, Gewinn.
Bast	Bauch — den Bast vull heffen: übersatt, betrunken sein.
Baud	Ernte; in der Baud: Erntezeit. — Den Baudhahn vertiären: Ernteschmaus, Erntebier verzehren. Schnappbaud: wenn es während der Erntezeit häufig regnet.
Bauhus	das Wirthschaftsgebäude auf einem Landgut.
Bauk	Frucht der Buche, Bucheker. — (altdeutsch: bôk.)
Baumann	Ackersmann — bauen: pflügen.
Baumester	Grossknecht auf dem Lande.
Bausen	die trichterförmige Einfassung der Schornsteine über dem Feuerherd (Kamin).
Beck (m.)	der Mund, das Maul.
Becksnute	Grossmaul.
Bedde	die auf der Tenne zum ausdreschen ausgebreiteten Korngarben.
Beddstier	Bettstelle.
bedoan	verunreinigt; dat Kind hiät sik bedoan. — He is von sik bedoan: von sich eingenommen.
bedrälen	sik bedrälen: sich beschwätzen, verleiten lassen.
bedriftig	eifrig.
beducht	mi beducht: bedenkt.
beduopen	mit Flüssigkeiten voll bedeckt, bis unter die Oberfläche des Wassers getaucht.
beduselt	betäubt, besinnungslos (altsächsich: bedusen, betäuben).
begrabbeln	He hiät sik wir begrabbelt (begraset): er hat sich wieder erholt, ist wieder in bessere Umstände (Verhältnisse) gekommen.

belern	bezeichnet diejenige Art des Läutens, bei der nicht die Glocke selbst, sondern nur der Klöppel durch ein daran befestigtes Seil in Bewegung gesetzt wird. (Hier in Dortmund wird von Ostern bis Jacobi an Sonn- und Festtagen gebeiert.)
Beitel	Stemmeisen, Eisenkeil, Meissel.
bejuxen	sik bejuxen: sich beschmutzen, besudeln.
bekladdern	sik bekladdern: sich mit Strassenkoth beschmutzen.
belämmern	überlisten, übervortheilen, betrügen.
Beloat	Raum, Stelle, wo man etwas lässt.
benaut	unwohl, übel.
besalvern	sik besalvern: sich besudeln, beschmutzen.
Beschieter	Betrüger.
beschoaten	etwas ganz besonderes; z. B. en beschoaten Nüöttken (Muskatnuss).
Beschüte	Zwieback.
beschwelgen	ohnmächtig, bewustlos werden (altdeutsch: besweigen, beswagen).
beseggen	besagen, aussprechen, verkündigen. behaupten, den Standpunkt klar machen. (de kann et guad beseggen.)
bespräkken	(Brand af Blut) durch Zauberwort Blutungen stillen oder Brandwunden heilen.
bestaahn	sik bestaahn: sich verheirathen. unbestaadet: unverheirathet. inbestaahn: ins Haus der Eltern heirathen. (altdeutsch: besteden, bestaden, eine Stelle haben, einen Wohnsitz, Aufenthalt anweisen.)
Bessmoder	Grossmutter.
Bessvader	Grossvater.
betrekken	betrügen, bestehlen.
Bläddel	ein aus Weiden geflochtener, tiefer, runder Korb mit Henkel.
Bläddelfalle	eine ungehörige Falte, wie sie beim Bügeln oder Zeugrollen vorkommt.
Blär	Birne.
blärwe	mürbe, nachgiebig.
blüsten	eilig laufen, rennen, herbeistürzen.

	altsächsisch: bissen, bizzôn, wie toll umherlaufen (eigentlich vom Rindvieh gebraucht), (Bissenkamp heisst in Dortmund noch eine Strasse).
bidess	unterdessen.
Biéke (f.)	Bach — Biekstiärt: Bachstelze. (altdeutsch: backstert, beckstert, waterstert.)
Biésse (f.)	kalter Regenschauer (Märtebiésse, Hagelbiésse).
bilank	entlang, längs.
Bilke	Frauenname, verkürzt aus Sybille. (altdeutsch: bele, belke, Belcke.)
binäin	beieinander, zusammen. binäin daun: copuliren, trauen.
Binnerpacht	Pacht an Geld, Hühnern und dergleichen kleine Naturalien.
Birkemeier	ein Bierhumpen, ein grosses Trinkgefäss aus Birkenholz, das noch die Rinde hat (altsächs.: barkemeier).
Bischlag	Nebenbau, Verschlag.
bister	en bistrich Wiär: ein trübes, nasses Wetter. Bisterbahn: Irrbahn (altdeutsch: bister: umherirrend, vom rechten Wege abweichend).
bläddern	blärren, blöken, meckern.
Blage (f.)	kleines Kind. Mit dem Worte Blage wird überhaupt die Jugend bezeichnet.
Bläker	Wandleuchter. bläkrig, brenzlich. bläkern: wenn das Kupfer mit Grünspan anläuft. (altdeutsch: blas: brennende Kerze, Fackel; blecker, blechern, bleckene Handleuchter — angelsächsisch: blac der feine Russ, der Ansatz vom Lampenqualm.)
blaren	blättern, abblättern.
Bleikstück	ein Stück Leinwand von 20 Ellen.
Blesse	bezeichnet Pferde oder Kühe, die einen weissen Streifen vor der Stirn haben.
bliäkken	blechen, zahlen, büssen. He maut daruär bliäken: zahlen, büssen (Blechmünzen, Bracteaten, ehemalige Münzen von Gold- oder Silberblech.

Bloabunten	blauer Dunst, Flunkerei, leere Ausflüchte.
blömrant	buntfarbig, schillernd. Mi es ganz blömrant (schwindlig) vuär de Oagen.
böären	bordiren, säumen. Einfassung der Tücher an den Seiten.
Bökke	Buche, Weissbuche, Hagebuche. — He es grauff as ut de Bökke gehauen: ein Grobian.
bölken	blöken, rohes Singen, aus vollem Halse schreien.
Bölker	oder Bulkenbaum: wilder Pflaumenbaum.
bönnhasen	auf verbotenen Wegen gehen, vor Eingang der Ehe mit der Braut vertrauten Umgang haben. — (altdeutsch: bonhasen: ohne das Meisterrecht erlangt zu haben, heimlich des Arbeitgebers Handwerk betreiben.)
Böer	ein Handbeil.
bollwıärken	rumoren, mit Geräusch etwas ausführen.
Bolss	der Kater.
Booten (m.)	ein Pack, Gebund Flachs. (altsächsisch: bote (m.); ein Bündel Flachs.
Borke	Baumrinde.
Boseke	die Bauchspeicheldrüse im Eingeweide der Kuh.
Bossel	hölzerner Fassreifen, womit die Kinder spielen; (altdeutsch: böszel: Kegel, boszeln: Kegel schieben).
Bous!	ein Knall, starke Detonation, ein Fall mit starkem Geräusch.
Bovist	ein kugelrunder Pilz, der getrocknet einen Staub von sich giebt.
Brake	Flachsbrake: hölzernes Werkzeug zum Brechen des Flachses.
Bram	Ginster (genista): Brambauerschaft, nördlich von Dortmund gelegen.
Brandraue	ein dreifüssiges Eisengestell auf dem Herde, worauf das Brennholz gelegt wird.
Brauk	eine mit Holz bestandene sumpfige Fläche. — In früherer Zeit wurde traditionell der nördliche und östliche Theil der Stadt Dortmund als Plattbrauk,

der südliche Theil Ardey und der ~~östliche~~ Theil Scharmaitland bezeichnet. Noch zu Anfang dieses Jahrhunderts stand nach altem Herkommen am Ostermontag die männliche Jugend, Ardeyer und Plattbräuker vereint, den Scharmaitländern feindlich gegenüber und prügelte sich dann weidlich durch. Erst die französische Polizei (1808) machte dieser rohen Unsitte ein Ende.

bredöılig	sich breit machen, aufspreitzen, stolz einhergehen; Dickethuerei.
Bredullje	Verwirrung, Verlegenheit, verwickelter Umstand (franz. bredouille).
Bremmerte	Brombeere.
Brikke (f.)	das Krummholz der Schlächter zum Aufhängen des geschlachteten Viehes. (So schief as ne Brikke.)
Brinksitter	der Besitzer eines eigenen Hauses auf einem in Erbpacht genommenen Boden. (altdeutsch: brink, bedeutet ungebautes Land.)
broddeln	einen Fehler beim Stricken, Weben etc. begehen.
Brodjunge	Knabe, der den niederen Kirchendienst versieht, dafür freien Schulunterricht geniesst, und bei Begräbnissen etc. noch sonstige Gaben empfängt. (altdeutsch: brotlink: der im Dienste eines Andern steht.)
Brügge (f.)	Butterbrod.
Brutlecht	der Hochzeitszug auf dem Lande.
Brutwagen	Brautwagen (auf dem Lande). Vorn auf diesem Wagen, worauf die Aussteuer der Braut geladen ist, befindet sich ein lebendiger Hahn (Bruthahn) auf einen Besen festgebunden, als ein Symbol der ehelichen Pflichten und der wachsamen Thätigkeit der künftigen Eheleute. Er wird auch noch Rokhahne genannt, das ursprünglich wohl (altsächs.: rodhane) rother Hahn lautete, da der Bruthahn auf Thor (Gott der Fruchtbarkeit) Bezug hat.
Buadde Buadden	Born, Quelle (altsächs.: bodern waschen).

Büükker	Prahlhanns, Dickethuer, Raufbold.
büären	heben (altsächs.: beran).
	afbüären: die Last ablegen.
	opbüären: die Last aufheben.
	Husbüären: Hausheben.
	sik verbüären: sich bei schwerer körperlicher Arbeit innerlich (Sehne, Muskel) verletzen.
Büüst	Bruch, Riss, Spalte, Borst.
Buam	Boden, der Boden eines Fasses.
Buark (m)	ein geschnittenes männliches Schwein, (altdtsch.: borch, angelsächs.: beork, borchswin: ein geschnittener Eber).
Buastlappen	die innere Brust, Lunge.
	(ek heffet op den Buostlappen.)
buaven	oben (altsächs.: bioban).
	von buovendal: von oben herab.
	buavenop: obenauf, (he es wir buavenop: er hat sich wieder erholt etc.) Der Supperlativ in Adjectivform heisst: büäwerst, de büäverste: der oberste, der höchste; dorbuaven: darüber, ausserdem, trotzdem.
Büöddel (m)	die ganze Masse, der Plunder zusammen.
büken	laugen; die Wäsche in einen Kübel packen, und mit heiss aufgegossener Buchenholzaschenlauge mehrere Stunden stehen lassen.
Bünte	eine bunt gefleckte Kuh (et het keine Kauh Bünte, oder se hiät ak Pläke (Flecken).
Büer (f.)	ein grosser Bottich; Waschbüer, Braubüer etc.
Bünzel	Windel — ein kleiner Knirps.
Büükker	Böttcher — buakken: klopfen.
Bütönn (m.)	Nebenkammer, Vorrathskammern, Kornboden, Bühne (altdeutsch: bone (m.)
Bütte (f.)	Zuber, Waschbütte etc.
Büxe	Beinkleid, Hose; Büxenbord: Hosenbund.
Buffbaff	ein roher, ungehobelter Mensch.
Buhhel	Jubel, Lärm. Früher bei den Turniren der letzte allgemeine Zusammenstoss (Haufenspiel).

bullern	kollern, übereilen; Bullerdrine, Bullerbass: ein leicht aufbrausender, jähzorniger Mensch.
Bulster	die Schalen der Hülsenfrüchte. bulstern: abschälen.
Bunge	Fischreuse, Ofentrommel (altdeutsch: bunge: Pauke, Trommel).
Buokkemühle	(altdeutsch: bakemole), Stampfmühle, unter welche der Flachs gebracht wird, um den holzigen Kern zu zerbrechen. Wenn Jemand von Hand zu Hand gestossen, gepufft, geprügelt wird, heisst es: durch die Buokkemühle gehen lassen, (altdeutsch: baken: klopfen, schlagen).
Bouteram	ein Butterbrod mit Fleisch, Käse etc.
Burhöören	das Horn, durch dessen Signal die Bauernschaft zusammengerufen, alarmirt wird.
Burré	Lauch, Porrée (altdeutsch: parrlak).
Bûrschapp	Bauerschaft. Der Inbegriff sämmtlicher Hofbesitzer eines Dorfes. Traditionel ist Dortmund aus drei Dörfern zur Stadt geworden; daher stammt wohl auch, dass deren Gemeindeweide (die vor 30 Jahren zum Nutzen der Bürgerschaft getheilt wurde) aus drei Abtheilungen bestand, welche Oester-, Wester- und Borgbauerschaft benannt wurden.
Bûrwiärken	früher mussten auch die Städter zum Besten des Gemeindewesens gewisse Handdienste verrichten, so z. B. bei der Bodencultur der Gemeindeweide; dieses hiess Burwiärken. Burmester und Rathsburmester bildeten dabei den Vorstand.
busen	starkes Pochen, dröhnendes Klopfen. weit tönendes Krachen, heftige Detonation.
busfischen	unbefugter Weise etwas durchsuchen.
Buskasche	Gebüsch, Laubwerk (französisch: bosquet).
Büschen (m)	ein dickes Bund Heu, Stroh etc.
bussen	auf dem Stuhle sitzend ein Kind in den Schlaf wiegen.
buten	draussen; ter buten: da draussen. Butenwiärk, Butenlüe. —

	(Ek kann dat Lied von buten (auswendig).
	(altsächsisch: bintan).
Butt	ein junger geschnittener Ochse.
butt	grob, plump.
Casberte	Johannisbeere; Stiäkcasberte: Stachelbeere.
Cherenters-Pfädchen.	Grendelpfad, Siechenpfad: Weg für Kranke und Elende. So hiess früher der vom Ostenthor nach dem Siechenhause bei Dortmund (jetzt Funkenburg) dicht neben dem Hauptwege führende Nebenweg, der vor mehreren Jahren als überflüssig den dabei angrenzenden Ackerstücken einverleibt wurde
däftig	gediegen, werthvoll.
dämpsch	engbrüstig, asthmatisch.
dakken	klatschen — dakke: Klatschschwester.
dâl	nieder, abwärts (gothisch: daluth, altsächsisch: te dale); von buavendal, ek fal ter dal.
deipe	tief (altsächsisch: diap), deipgrünnig: wo ein tiefer, urbarer Boden ist.
	(altdeutsch: dep: tief; depete: Tiefe.)
Diälle	Hausflur, Tenne.
	Schürendiälle, Dreschdiele. —
	(bezeichnet auch: Niederung, Ebene.)
Diek	Teich (altsächsisch: Dik, das Ausgegrabene).
dieken	räten, die Leinpflanze ins Wasser bringen, damit der Bast sich löse (rottet).
diékkeln	zurechtweisen, gehörig Bescheid sagen, Einem die Leviten lesen. (diänn hef ek diékkelt!)
Diesten	Spinnrocken, mit Korbgeflecht daran.
diggen	gedeihen.
Dischlaken	Tischtuch.
Distel	Wagendeichsel.
Dodland	Sumpf, Quellboden, Morastboden.
Dodn'stuten	grosse Weissbrode, mit Korinthen versehen, welche bei Begräbnissen (von begüterten Familien) an die Schulkinder vertheilt wurden.
Döeker (m)	der Teufel; wird im milderen Sinne gebraucht; (de Döeker hál; dat sall der Döeker wiätten!)
döllern	poltern, lärmen, Spektakel machen (Gedöller).

döepen	taufen; dulldöepen: überreden, überlisten, einschüchtern, irre machen.
döppen	auskernen; z. B. Erbsen, Bohnen döppen.
Döppkesspieler	Taschenspieler (altdeutsch; dobbeler, dapeler: Würfelspieler).
Doert	Trespe (bromus secalinus). Unkraut im Acker (altsächsisch: durth).
Dofholt	taubes, dürres Holz.
Dokke (f)	ein altes, abgetriebenes Pferd, Karrengaul. Dachdokke, von Stroh gebunden, womit die Dachziegelbedeckung gedichtet wird. (altdeutsch: docke, Puppe.)
Dopp	Kreisel, Eidopp, die leere Eierschale; (altsächsisch: dopvull, Eierschale voll.
Dott	Darm, dicke Wurst.
drachter	dahinter; drachterhiär: hinterher.
dramm	wenn Garn stark gedreht ist. — Leinwand von stark gedrehtem Garn heisst Drill.
drangsaléeren	bedrängen.
Drank	Spülicht, Schweinefutter.
Drauppen	Tropfen, — gedruapen: getroffen.
Dreimann	so hiessen in Dortmund zur Zeit der freireichsstädtischen Verfassung die drei Vertreter der Bürgerschaft (des Vierundzwanziger Standes) gegenüber den Erbsassen bei den Rathsversammlungen (Niedere Tribunen). Der letzte sprechende Dreimann jener Zeit war der Bürger Gottfried Kaupe † 1811.
Dreitimpen	ein dreieckiger Hut, auch Dreimaster. Uchtlampe, auch Schabbesdeckel genannt.
Driete	Dreck, drieten: die Nothdurft verrichten. bedrieten: betrügen, Driethoop.
Driggergäme	so wurde die Reihe kleiner Häuser auf dem Friedhof (Platz nordwärts der Reinoldikirche) benannt. Gahm, Gaden, Gadmӛ, kleine Wohnhäuser. driggerlei: dreierlei. — Nach einem alten Lagerbuche des Kirchenvermögens von St. Reinoldi (1476) dryger geeme, Eigenthum der Kirche.

dreihärig	störrisch, widerspenstig, durchtrieben, muthwillig, verwegen (altsächsisch: dreharich).
Droathviole	alte Jungfer, alte Schachtel, ein verschrobenes, eigensinniges Frauenzimmer, eine verblühte Coquette, ein launenhaftes Weib.
dräöseln	langsam, schleppend, träge, säumig, verdrossen (Dräöselkunte).
dröege	trocken. Dröegte: Trockenheit, Dürre.
droff	darf, durfte; ek draff et mit daun! ik droff et nit daun!
Druast	der Niederschlag von Oel etc.
Drubbel	Haufen, Menge.
Drubel	Gedränge, Gewühl.
drück sin	sehr beschäftigt sein.
Drüke	Frauenname: Gertrud; altsächsich: Drudeke, Drutke.)
Druffel	Bohrdruffel, der hölzerne Griff an eisernen Bohr- und Schneidewerkzeugen; auch die Kelle der Werkmaurer wird Druffel genannt.
drüggen	drohen.
Drüömmel	der aus dem Zettelende beim Gewebe zusammengedrehte kurze Faden, womit z. B. beim Wursten der Darm zugebunden wird.
Drüppel (m)	Drüppelfall: Traufe — drüppeln: träufeln. Früher wurden die Bettler, Vagabunden, Selbstmörder unter dem Drüppelfall des Kirchendaches begraben.
Drust	Strauss von Blumen; fruchtbeladener Zweig.
drut	hinaus! (de maut drut: der muss hinaus, vor die Thüre gesetzt werden).
Duarmel	leichter Schlummer.
düégend	brav, tüchtig, arbeitsam, erprobt; (altsächs.: dugan), undüegend: ungezogen.
Düllen	Beule; altsächsisch: dulle; (kür mi keinen düllen am Kopp!: mach mich nicht irre!)
dümpen	dämpfen, auslöschen, ersticken.
dünne	einfältig; (da es mi dünne tau!: das ist mir zu einfältig, der Mühe nicht werth!)

düänen	häufen; gedüänt vull: gedrängt voll.
düärlappen	(sich) so gut als möglich durchhelfen.
Düörpel	die Schwelle, der Eingang des Hauses. — (altdeutsch: dörpel, altsächsisch: durpel, Thürpfahl, Thürschwelle).
düppen	irdener Topf, Hafen; — Düppenkrämer.
Dues	(altsächsisch: dues) Teufel; dass die der Dues.
düer	theuer; düere Tid: theure Zeit.
Ducks	gemilderter Ausdruck für Teufel; (hol mi der Duks).
dulldöpen	überreden, überlisten, einschüchtern, irre machen.
duane	dicht, fest, sicher; (hoalt duane!).
durabel	dauerhaft; (franz.: durable; altdeutsch: durachtik, duraftik; altsächsisch: abel, tauglich, geschickt, passend.
Dusten	ein Geschwulst am Hals, Kopf etc.
Duwe	Taube; Huollduwe: Holztaube.
ebben	Entzündung der Haut.
Echelte (f)	Blutegel — Echeltenpoot.
Echte	Ehe; te echte niämen: ehelichen. (altdeutsch: echterwief: Ehefrau).
Eckern	Eichhörnchen.
Ecker	Eichel oder Buchnuss.
Eckernkamp	Eckernschuot: junges Eichengehölz.
effen	einfarbig; effenblau, effengrün etc.
Eikappel	Gallapfel.
Eikenspiek	ein derber Stock von Eichenholz.
ekke	ich; (det heff ekke daun!)
Elende	Armenwohnung; Asyl für Arme. Existirt in Dortmund noch unter diesem Namen. (altdeutsch: elende, fremd, heimathlos, verbannt; altsächsisch: elilendi, Verbannung, Heimathlosigkeit, im fremden Lande lebend).
enerwiäge	irgendwo.
Enkel	der Knöchel an der Fusswurzel.
enkelt	einzeln, in einem Stück; (en enkelten Daler: ein harter Thaler).
Ennerk	Enterich.

ens, twens, drens	einmal, zweimal, dreimal! Spiel der Knaben mit Knicker (Schusser).
Entenflot	die Wasserlinse (altdeutsch: antelat, Entengrün, Teichlinse), (Lemna).
erdage	vormals, vor Zeiten.
ergistern	vorgestern.
Ertīd	Vorzeit.
es ter ok wīī?	ist auch Jemand da?
ewelt	einfach, egal (altsächsisch: ewald).
fackeln	zögern; (fackel nit lang!).
facken	müssiges Herumtreiben. — (Sei hiāt de Fackschüätte [Schürze] an! heisst es von einem Frauenzimmer, dass sich viel ausser dem Hause herumtreibt.)
fäggeln	Wortsreit, Rechthaberei.
faige	Todesahnung haben. He es faige: er fühlt sich dem Tode nahe, (altsächsisch: fagé).
faihen	nähren; opfaihen: auffüttern. — Faihkalv: Zuchtkalb.
Fall	eine Grube — z. B. Mistfall etc.
fameln	im Fieber phantasiren.
Fasel	junger Anwuchs; Faselschweine, Faselfische etc.
Feckel (f)	Hühnerhaus, Hühnerstiege.
Felddüähr	eine Hausthüre, die aus einem untern und einem oberen Flügel besteht.
Ferkel	ein junges Schwein.
ferm	tüchtig. (He es all ferm: er hat das Seine schon tüchtig erlernt.)
fiär	de Kauh es fiär: die Kuh ist über's Jahr ohne Kalb.
Ficke	Kleidertasche.
Fickfacker	Windbeutel, ein unzuverlässiger Mensch. Fickfackerei: Windbeutelei, dummes Zeug.
fiéckeln	abkuranzen, Jemand die Leviten lesen, einen scharfen Verweis ertheilen, eine Strafpredigt halten; (diän hef ek fiéckelt).
Filette	Nelke.
Filler	(Viller), Schinder, Abdecker; fillen: schinden, quälen Villplatz: Schindanger; — Villaas: Schimpfwort.

Finnenkieker	ein schlauer, scharfblickender Patron, dem aber nicht zu trauen ist.
Finsterlucht	bemalte Fensterscheibe. In frühern Zeiten schlossen die Hochzeiten, besonders in den Städten damit, dass jeder Gast im Hause des Bräutigams eine Fensterscheibe einschlug, und dafür eine mit Name und Wappen bemalte Fensterscheibe schenkte. Es wurde als etwas übles, nichts gutes Bedeutendes angesehen, wenn bei der Hochzeit nichts zerbrochen wurde.
	Auch hier in Dortmund findet man noch derartig bemalte Fensterscheiben.
fipprich	unstät, flatterhaft.
fis	ekel. He es fis! Er nimmt es sehr genau mit der Reinlichkeit, besonders bei Zubereitung der Speisen. Fis, Fiss, Fisse: eigentlich ein sehr zartes Flachsfädchen.
fispeln	flüstern.
Fisematenten	listige Ausflüchte, Finten, Chicanen.
fitane fi!	pfui!
fix	schnell, hurtig, rasch, flink.
Flabbs	Narr, Windbeutel, Laffe — flabbsig: geckenhaft.
Flabbsnute	Maulaffe, herabhängendes Maul.
flàddrig	leicht, lose, locker, nachlässig, unkleidsam, leichtfertig.
Fladuse	jede weibliche Kopfbedeckung mit dem Nebenbegriff des schlechten, unpassenden, geschmacklosen oder verspottenden.
flämsch	ein flämsch Gesicht: bedeutet ein sehr finsteres Gesicht; dat es en flämschen Kerl: ein Mensch von hervorragender Grösse und Körperstärke.
flâk	fehlgeschlagen, nicht gerathen. — flâk oder têk? ein Spiel mit Münzewerfen.
Flaschappel	Flaschenkürbis.
Flasfinke (f.)	der Hänfling.
flaum	trübe (bei Flüssigkeiten).
Flemme	ein kräftiges, vollbusiges, üppiges Mädchen.
flennern	laxiren.

flessen	flessen Laken: Flachsleinwand; heirn Laken: grobes Leinen.
Fliäkke (f.)	das Seitenbrett am Lastwagen.
flickern	flimmern.
Flieren	Launen, Flirren. Flierenthee: Fliederthee.
Flitzen	Scherze, Spässe; Flirren und Flausen. — (He hiät Flitzen im Kopp.)
Flitzenbogen	Armbrust für Kinder (altdeutsch: Flitz: Pfeil).
Floage	vorübergehender Fieberanfall.
Floite	Schwebe, Deckel auf zu transportirenden Flüssigkeiten (altdeutsch: bevlaien: überströmen).
Flordame	die weisse oder Gartenlevkoje.
Fluchte	der Hausflur — Flucht am Spinnrade, worin die Spindel läuft.
Fluédder	Fetzen, zerrissene Kleidung. (Sei süht so flueddrig ût!)
Flürk	Flügel.
flunkern	aufschneiden, nicht die Wahrheit sagen.
Fluokster	ein unordentliches, flatterhaftes Mädchen.
Fluräsken	(gluräsken) Johanniswürmchen, auch Herrgottsvögelchen.
foänsch	falsch, tückisch, hämisch, bissig (en foänscher Hund).
Frechtung	(frechten) Einfriedigung von Weiden und Ackerland.
Frankensadel	ein den ganzen Rücken des Pferdes deckender Sattel, um Lasten darauf zu legen.
Fraumensch	herabsetzende Benennung eines Frauenzimmers niederer Klasse: bezeichnet auch ein robustes Frauenzimmer (dat es en Fraumensch as en Piärd).
fred (vred)	abgehärtet, kerngesund.
frenschen	wiehern (Hengst).
friggen	freien, werben (friggen un Heu drögen geschüht enhopen umsüss).
frieven	reiben (sik de Haut frieven).
Flüäddauk (m.)	Vortuch, Schürze.
Fuahr	Furche, Ackerfurche (altsächsisch: faran: fahren).

Fuosse	Stärke, Körperkraft (französisch: force), (en fuossen Kerl)
fucht	tapfer, standhaft; (hoalt di fucht! — hoalt di fucht as 'ne Kinnerhuosse!) (Volkswitz).
fuck	etwas mit Geschick zu Stande bringen. (Det hiät fuck (Erfolg)!
Fudden	Zeuglappen, Wischlappen.
fudeln	unredlich spielen, unterschlagen, muscheln.
Fuke	Fischnetz, Fischreuse.
fummeln	krabbeln, cajoliren, mit der Hand sanft liebkosen.
füntern	verlegen werden. (He wurde so füntern!)
Fürmüser	eine kräftige, rothwangige, feurige Dirne.
Fuorke	Gabel, (Heufuorke, Mistfuorke).
fustens	sofort.
Fuott (f)	der Hintere (posteriores). fuotten, furzen.
Gädderken (n.)	Altan, Söller, Erker; Gadder: Gitter.
Gäre	ein Stück, Streifen Ackerland, welches zu schmal ist, um einen Rüggen (Morgen) zu bilden.
gäwe	kerngesund; z. B. gäwes Holz; en gäwen Knäsper: ein kerngesunder Junge.
Gagel	Zahnfleisch.
Gahm	Gaden, gadum: kleine Wohnungen. — (Armengahm.)
Gaitling	die schwarze Singdrossel; bezeichnet auch einen jungen, leichtfertigen Burschen (Taugenichts).
galpern	wehklagen (auch rülpsen).
galstrig	ranzig, ranzig gewordener Speck, Oel, Butter. — Sei süht so galstrig ut: das Mädchen hat eine kranke, gelbliche Gesichtsfarbe.
Gante	Gänserich.
gapen	gähnen — angapen: begaffen, angaffen. (gape (n.) altsächs., friesisch und angelsächs.)
gar un gereis nit	ganz und gar nicht, durchaus nicht!
Garnéér	Gärtner, Kunstgärtner (garniren).
Gat	Lache (goth. gatva) (en Schubt int Gat: ein Fusstritt vor den Hinteren).
gau	schnell, gewandt, hurtig, schlau (Gaudieb).

gauschlémmel	ohnmächtig, bewustlos (werden).
Gausekunte	ein dämliger, gleichgültiger Mensch, der sich Alles gefallen lässt.
Gebüünte	die hölzerne Decke im Zimmer oder Stall. (altdeutsch: boninge, Decke eines Stockwerkes.)
geflappt	närrisch, irrsinnig.
gedoan	he es drop gedoan: darauf erpicht.
Gekakel	Gegacker.
Geleat	Klageruf, Wehgeschrei. — Det es en Geleat! viel Aufhebens von einer Sache gemacht.
Gelte	geschnittenes Mutterschwein. — (Geltenschneider: Schweineschneider.)
Gemächte (n.)	die männlichen oder weiblichen Geschlechtstheile.
gerässlich	gerässliche Nacht: gute, ruhige Nacht!
Geraischop	Handwerksgeräth. — Raischop: Geräthe — (Dat es Geraischop: schlechtes Volk (Geräppsel: Gesindel.)
Gest (m.)	Hefe.
gestriénz	auf gewöhnliche Weise zu Pferde sitzen; dagegen twiäs: quersitzen.
giäl	gelb (altsächsisch: gelo), Giälgäsken: Goldammer.
Gläftenkörbe	Gebekörbe — den Tag vor der Hochzeit (am Hielink) Geschenke an Victualien (Schinken, Hühner, Butter, Eier etc.) darbringen (auf dem Lande).
gläppen	aufathmen, nach Luft schnappen.
Glärkammer	Gerkammer (gorw Kaemer): Sakristei. — (Im Altsächsischen bedeutet garewi, garwi: die Kleidung, Bedeckung.)
gibbeln	heimlich, versteckt lachen (schwächer als kichern).
giénten	drüben; da giénten: da drüben, in der Ferne.
glau	scharf, hellsehend; (glaue Augen: helle, schelmische Augen.)
glens	gleich, einerlei, ähnlich.
Glepe	Ritze, Spalte.
gleunig	rothglühend (de gleunige Düwel).

Glint	Geländer, Einfriedigung von Brettern oder Holzlatten.
gluaren	glänzen, gleissen (de Kauh gluart von Fett).
Göppsche	eine Handvoll (in der hohlen Doppelhand).
Gössel	eine junge Gans (dat es en Gössel von 'ner Déérn).
grabbeln	hastig nach etwas greifen — etwas in de Grübbelgrabbe werfen.
Graben	Wall, Befestigung einer Stadt.
Gräfte	ein mit Wasser angefüllter Graben um einen ländlichen Wohnsitz, adliges Haus, Rittersitz.
gramm	heiser sein, rauher Hals.
Grastuorf	ein Rasenstück.
gräelen	schreien, wehklagen.
greinen	weinen, ein betrübtes Gesicht machen.
Grendel	Riegel, ein starker Holzriegel, auch Pflugkolter.
griddig	gierig, auf etwas erpicht sein.
griemsterig	vor der Abenddämmerung; (et fängt an griemsterig te wären!) griemeln: grauen.
Griével	Dachs — Grievelhus: Dachsbau.
grinen	grinsen, sarkastisch, sardonisch lächeln — angrinsen: Jemand die Zähne weisen.
Gropenbrauk	Bauerschaft, nordwärts von Dortmund gelegen. — (altdeutsch: grope: Pfütze, grosse, schmutzige Wasserlache.). Brauk: eine mit Holz bestandene sumpfige Fläche.
Grüggel	Furcht, Schauer — grüggelich: unheimlich, schauerlich. Grüggelsiepe heisst ein Bauerschaft bei Aplerbeck, südwärts Dortmund gelegen. (Grüggelsiepe: Schauerthal.)
Grütte	hiess die Rathsbierbrauerei hinter dem Rathhause in Dortmund gelegen. Grud: ein tief in den Feuerherd gehendes Loch für die glühende Asche (in de.. Gru..d kuaken) — Grüttebier. — altdeutsch: grüt: Porss, wilder Rosmarin). Im Jahre 1447 ist hier in Dortmund nur von gruit, auch porsse genannt, Bier gebraut. Erst 1477

	wurde hierselbst mit Hopfen Bier gebraut. — (Seibertz Quellen, I. Band pag. 350.)
grummeln	das ferne Rollen des Donners. — (auch Morgendämmerung.)
Grysegrelte	Buttermilchsuppe mit geriebenem Schwarzbrod vermengt.
Güärd	Maulwurf.
Güütte	Grütze. Güättenteller (zähler): ein Mann, der sich um jede Haushaltungskleinigkeit bekümmert.
güste	trocken, unfruchtbar; z. B. eine güste Kuh (nicht milchgebend).
Güte	eine Wurfschaufel, welche beim Bleichen der Leinwand zum Begiessen derselben gebraucht wird.
Guonsdag	Mittwoch (Godanstag, Wodan oder Odinstag. Mittwoch heisst im Dänischen und Schwedischen Onsdag, zusammengezogen aus Odins Tag, der Tag des Odin).
habbeln	übereilen, schnell und undeutlich sprechen (en Habeliskus).
Hackemolle	Eidechse, Salamander.
Hackelmei (f.)	Hachtmei, Hachtelmei: der geschmückte Kornwagen beim Schluss der Ernte (Erntefest). Hachl, Hacht, die Granne (gothisch: agana) die steifen Spitzen der Aehren, besonders bei der Gerste.
Hack'n (m.)	die Ferse; Hack'nschmiär: Hiebe, die zum laufen zwingen; Fersengeld.
Hackenstück	ein grösseres Geldstück, eine besondere Münze zum aufbewahren als Angebinde.
Hack un Mack	allerlei durcheinander geworfenes, werthloses Geräthe.
Hack un Pack	allerlei Gesindel zusammen (Krethi und Plethi).
Hälfken	eine halbe Flasche.
hännich	behende.
Haiken, Hoiken	(altdeutsch: haike, heike, huke, hoke: Mantel.) Regenmantel, Trauerkappe, ein Ueberwurf von schwarzem Tuch (wird noch von den Frauen auf dem Lande bei Begräbnissen getragen.
Hala	Wiege.

hallweg	es geht hallweg: es geht eben an, ist eben zu gebrauchen.
Hambutte	Hagebutte.
Hampelte	Ampelte: Ameise (altdeutsch: emete, amete).
Hanebalken	Hahnehölter: der oberste Querbalken, der die Dachsparren verbindet.
Hannacks	ein früher beliebter ländlicher Tanz.
Hansap	das Kleid eines Knaben, bevor er die Hosen bekommt.
hanzen	vorhin; te hanzen: vor Kurzem.
Haps	schnell, hastig einen Bissen nehmen.
Harke (f.)	Rechen — Schliépharke: ein grosser Rechen, welcher bei der Ernte zur Nachlese gebraucht wird.
hart	laut, laut sprechen, rufen, (he raip so hadde!) (altdeutsch: haren: rufen).
Hast	eine Portion Fleisch, Speck etc. — ein uraltes Wort; eine gewisse Anzahl Fusssoldaten (Hastati: Speerträger) bezeichnend.
hastrich	durch räuchern verdorbenes Fleisch, starkriechender, ranziger Speck etc.
Hauwe	Hude, Schaafhude.
hechen	keuchen, ausser Athem kommen.
Heck	Wegeverschluss zum Oeffnen oder zum Uebersteigen eingerichtet.
Hei	Werg, Heden; heien Laken: grobes Leinen.
hei	Sie, bei Anrede — Hei un Sei: Er und Sie (altsächsisch: he, das Pronom: per: — er).
heidi goahn	davon gehen, verloren gehen, wegfliegen.
Heidolph	ein noch ungetauftes Kind.
helen	das Viek hüten (auf der Heide).
hellig	wüthend (ein uraltes Wort) (de hellige Düwel).
Herdstuawe (f.)	Feuerstübchen; gewöhnlich achteckig, von Messingblech gefertigt, mit glühenden Kohlen gefüllt, welches früher zur Winterzeit von den Frauen in der Kirche benutzt wurde.
Héster	eine junge Buche — Hesterkamp: eine Anpflanzung junger Buchen.

Hetter	Fürhetter: ein Kochherd, worauf mit Holzkohlen gekocht wird (altdeutsch: hette: Hitze).
Heupfärken (n.)	Heuschrecke.
Hiärk	Hederich, Unkraut im Acker (Raphanus Raphanistrum).
Hiäven	der Himmel (altsächsisch: heban, hevan).
Hiégedissel	Eidechse (die kleine graue), altdeutsch: egedisse (Hiege: Hecke).
Hiellnk	Polterabend auf dem Lande (siehe Giäftenkörbe), altdeutsch: hellinc, hilich, hellik: Ehe — hilichsgeld: Brautschatz; hillig pennige: Aussteuer, Ehegeld — hillikeslude: Zeugen der Verlobung.
Hielv	Hellweg; die uralte Strasse, welche vom Niederrhein durch Westfalen bis zum Teutoburger Walde führt.
Hikken	Zigeuner (sik hikken bedeutet im Ravensbergischen: sich niederlegen, lagern). Im Süden des Kreises Siegen, zwischen Burbach und Haiger, liegen 4 Dörfer (im Hickengrund), deren Bewohner „Hikken" benannt werden. Ein kleiner Volksstamm, der sich durch eigenthümliche Sitten und Gebräuche auszeichnet und über dessen Herkunft man nichts Sicheres weiss.
Hilgen	bunte Bilder für Kinder (früher Heiligenbilder).
Hille (f.)	der Raum über dem Viehstall, Schlafstätte des Gesindes (auf dem Lande); bedeutet auch die Empore in der Kirche.
Himphamp	Verworrenes Gewebe, verwirrtes Durcheinander, Mischmasch.
Hissfölken	ein ganz junges Füllen; hissen: hetzen.
Hitte	Ziege — Hittenbock: Ziegenbock.
Hoal	der eiserne Haken über dem Feuerherd, woran der Kessel hängt.
Hodderschuodel	Wippe, Schaukel (auf dem Lande).
hol! hol!	Zuruf beim Treiben der Ochsen und Kühe.
holl üäwer troll	Alles kraus und bunt übereinander.
Holschen	Holzschuhe, Klumpen (altdeutsch: Klippen), Holschen hinnerk: ein Tölpel.
Holster	Jagdtasche, Ranzen, Reisetasche.

holterdipolter	übereinander stürzen.
Holtschürke	Holzapfel, Frucht des wilden Apfelbaums.
hotten	geronnen; Hottemiälk: geronnene Milch.
Hottepärken	Steckenpferd — auch Hottepage — (altdeutsch: page: Pferd, Hengst).
hot un ha!	rechts und links; Zuruf der Fuhrleute.
Huällerte (f.)	Holunderstrauch.
Huase (f.)	Strumpf.
Huck (m.)	Ecke, Winkel, Versteck.
Hülsekrabbe	Stechpalme.
Hümmelken	eine verdriessliche Sache, (dat giät en Hümmelken)
hüöllen	wühlen; Huoll: Loch.
Huppe (f.)	ein Kinderpfeifchen aus dem Roggenhalm geschnitten.
Hür	Miethe — hüren; miethen (altdeutsch: hure, heuer: Miethe, Pachtgeld).
Huck	wenn das Zäpfchen in der Halsdrüsengegend geschwollen ist.
Huke	in de Hucke sitten: niederhocken, kauernde Stellung
Hukke	Kröte.
Huaf	in der Stadt die Benennung der Patricierwohnung. — huofen: feierlich einherziehen — (te Huafe goahn: ein Bedürfniss haben — (altdeutsch: hoven: nöthig haben, brauchen; behove: Bedürfniss.
Huoll	Loch.
Huoneke	Hornisse.
Huapp (m.)	die Hüfte; der Wiedehopf.
hurken	hocken, kauern — (achter diäm Uofen hurken) (en Hurkepott).
Husten	ein grösserer Haufen Heu oder Stroh.
hutsatt	völlig satt.
hutzen	necken, sticheln.
Hutzeln	getrocknetes oder gedörrtes Kernobst, Backobst.
Huwe	die Leinwanddecke auf Frachtwagen, auch Planlaken genannt; auch alter Ausdruck für Hofeigenthum; (he sitt warm op sineHnuwe!).
I.	Ihr, Er.
jakken	tadelndes Wort für einen Menschen, der oft müssig, ohne Zweck ausreitet; auch für ein Frauenzim-

	mer, das häufig ausser dem Hause Zeitvertreib sucht.
jankern	schmerzlich winseln; z. B. wenn ein Hund geschlagen wird.
japen	athmen; jappen: nach Luft schnappen.
Jass (m.)	bequemes Hauswamms (Joppe).
jaumen	miauen, wimmern.
ichtens	wenn't ichtens geit: wenn es eben angeht (altdeutsch: icht: wenn).
id'l	lauter, rein, unvermischt (dat es id'l Gold), (altsächsisch: idal).
Jesemännken	ein kleiner, schwächlicher, zimperlicher Mensch.
Jetterblétsch	natterbissig, eiterbissig, bösartig.
Ike	Marke, Bleichzeichen; de Ike: kleiner sumpfiger Bach vor dem Burgthor zu Dortmund.
Ime	Biene; Imenbiker: Bienenkorb.
Immerte	Himbeere.
Immt	Frühstück (von den Bienen, die vor dem Ausfliegen den Immt geniesen). (altdeutsch: immet, impt: Imbiss, Frühstück.)
Inär	die Eingeweide der Kuh; auch Ingedämte benannt (altdeutsch: inaderen, inêr).
In do!	ein Spiel, bei dem in die Erde gegrabene kleine Löcher das Ziel eines Balles sind (altdeutsch: into: in, hinein).
Ingst	Tinte; — Ingstkuoker: Tintenfass.
Ink	euch, euer, dein — (ek meine ink; dat es inke Sake).
Instivcleiren	eine Sache einfädeln, einleiten.
jö!	vorwärts, beim Antreiben der Pferde; Jöpiärken: Steckenpferd.
jölen	fiedeln, ohrenzerreissende Musik; Jöljad: wilde Jagd.
isseln	eisregnen, glatteisen (altdeusch: hiselen).
it	Ihr (jet, von mehreren).
ju, juwe	(altdeutsch: ihr, er, euch.)
Juffer	Jungfrau — Juffernichte: Bruders- (Schwester-) Tochter.
jukkeln	reiten, schlecht, nachlässig zu Pferde sitzen.

juxen	scherzen, necken, Spass treiben.
kabbeln	keifen, zanken, Wortwechsel.
Käffen	leichter Husten; auch das Anbellen der Hunde.
Kabuse	ein schlechtes, kleines Häuschen (Hütte), Zimmerchen als Wohnung; auch eine alte rostige Flinte; — ein grosses, weitbauchiges Trinkgefäss wird scherzweise auch so benannt.
Käekeln	grelles Entgegensprechen (Käekelhanns)
Kaek	Pranger, Schandpfahl.
kästig	hoffährtig, hochmüthig, aufgeblasen.
Kaff (n.)	die Spreu beim Reinigen des Kornes; Kaffmenger: ein Mensch der sich in alle Händel mischt.
Kaficke	Kabacke: armselige Hütte, schlechte dumpfe Wohnräume.
Kait	dünnes Bier (altdeutsch: Koit).
kakelig	bunt, grell, geschmacklos.
Kakke	Menschenkoth (griechisch: κακός: schlecht, gemein, hässlich); kakken: die Nothdurft verrichten, Kakhüsken: Abort, Apartement.
kalaschen	derb durchprügeln.
kalvern	jugendlich muthwilliges Herumtummeln.
Kamp	ein eingezäuntes, eingefriedigtes Feld, als Ackerland, Wiese, Holzung.
Kannte	Blende, Spitze — Brabänder Kante — Selfkante: der Rand am Wollentuch; Geld ap de Kannte leggen: erübrigen, aufbewahren, in den Kaste. legen; kannten: umdrehen, auch umgestalten, widerrufen (altdtsch. kannte: Ecke, Winkel, Rand).
Kanstett	Stakett, Gitter, Einfriedigung von Holzlatten.
Kanthaken	Jemandem am Kanthaken (Kragen) kriegen, packen, greifen, festnehmen.
kapp'n	capitteln; diäm hef ek kappt: dem habe ich den Text gelesen.
karbätzig	muthwillig, keck hervortretend, sich fühlend, anmassend.
karjöhlen	im Wagen herumfahren, mit dem Nebenbegriff des Müssigen, Nutzlosen.
Karnute	Genosse (altgallisch).

Kattengold	das aus Steinobstbäumen ausschwitzende Harz.
Kattenkopp	Böller.
Kattenstjärt	Die Ackerscabiose (Unkraut).
kattschra	dumm, ängstlich, furchtsam.
Keärne (f.)	das Butterfass; keärnen: buttern.
kiährt	diänn hef ek kiährt: den habe ich tüchtig durchgehauen!
Kiärv	Kerbe; Eeskiärv, Pollkiärv, Maikiärv? — (im Nassauischen bedeutet Kerwe: Kirchweih).
Kiekdüärnthun	Gundermann, Gundelrebe (Glechoma hederacea) Heilpflanze.
kieken	gucken; ek kék, ich guckte — bekieken: betrachten.
kiekstern	kichern, halb unterdrückt lachen.
Kinkel	das dicke Unterkinn.
Kissentuag	Bettkissenüberzug (altdeutsch: Kussenteke).
kitsken	ein ganz klein wenig.
Kiwe	Kinnlade.
kiwig	schelmisch, naiv (Sei siüht so kiwig ut de Oegen).
Kiwitt	Kibitz.
klabastern	durch Dick und Dünn rennen, wild dahin jagen.
kläppen	fremde Tauben unbefugter Weise einfangen mittelst zuziehen der Klappe am Taubenschlage.
klaffen	ausplaudern — verklaffen: anschwärzen, angeben.
klamm	feucht (min Rock es klamm natt).
Klamüser	Weisheitskrämer, Klugscheisser. klamüsern: ausklügeln, in der Stille seinen Gedanken nachhängen, spintisiren.
klanken	sich krümmen, winden (bei Schmerzen) — ein Klanken Flachs: ein Gebund gehecheltes Flachs.
klaterig	misslich, erbärmlich, armselig, schmierig (dat es ene klaterige Geschichte).
klatsich	kothig auf der Strasse; klatschnatt: ganz durchnässt.
Klawer	Klee, rother Wiesenklee.
klawern	mit den Händen im Schmutz, Schmiere herumwühlen — klaubern.
kleppen	die Kirchenglocken an einem Runde anschlagen — utkleppen: beim Schluss des Gottesdienstes.

Kliäddertasche	ein schwatz- und klatschsüchtiges Frauenzimmer.
kliättern	klappern.
Kliggen	Kleie.
Klimmop	Klebkraut (Schlingpflanze).
Klinke (f.)	der Griff am Thürschloss, auch der Zwickel am Strumpf.
Klinkviester	ein Mensch, der Alles besser wissen will, Schnüffler, Klugscheisser.
Klippkrämer	Holzschuhhändler, auch wer unbedeutende Kleinigkeiten feil hat. — Klippschulden: Klepperschulden. — Klippschule: Winkelschule. — Klippklar: ganz klar. (altdeutsch: Klippen: Holzschuhe; Klipp, Klapp).
klitschig	schmierig, kothig auf der Strasse.
Klöte	Hodensack (testicula).
Klöwen	Holz spalten mit dem Klöwehammer (altsächsisch: kliaban).
Klopphengst	ein Hengst, dem nur eine Hode weggenommen ist.
Klotsoat (n.)	der Saamen von weissen Rüben.
Klüggen (n.)	Knäuel.
Klüten	werfen, vorzugsweise mit Schneeballen.
Klump	Kloss — Klümpe, Klösse.
Klunken	Tintenklex.
Klunter	ein leichtfertiges, unsauberes Frauenzimmer — Kluntern: das Unreine im Flachs, Klabustern, am After. (altsächsisch: Kluntermelk; Plunnermilch, geronnene Milch.)
kluten	Klumpen, Erdklumpen.
Kluthauhn	ein Huhn ohne Schwanzfedern.
Knäpper	ein Knabe von 5 bis 7 Jahr alt.
knäppsch	spröde, leicht brechend (de Twiällen, det Is es knäpsch).
Knapp	kleine Anhöhe, Hügel, Stiefelabsatz.
knappen	mit den Zähnen Nüsse etc. aufknacken.
Knappsack	kleiner aus Holzspähnen geflochtener Korb mit Mundvorrath (Brodbeutel).

Knappule	die gemeine Nachteule, kleine Uhu.
knats!	auf einmal, geradezu.
	et gank knats caput! —
	ek sagiäm dat knats vüär diäm Kopp!
Kniäffer	Kniével: ein stämmiger, untersetzter, kräftiger, junger Mann.
Kniättergold	Rauschgold, Flittergold.
Kniédder	im Kniedder sin: in gereiztem Zustande sein, in Zorn gerathen.
Kniesohr	ein zäher, schlauer Patron; hat es hinter den Ohren sitzen.
Knieste (f.)	ein verdickter Schmutzfleck.
Knippschär	eine Scheere, womit die Baumzweige abgeschnitten werden.
Knippwinkel	ein kleiner Krämerladen, Gewürzladen, (Knippwaage).
Knirrfix	ein Knauser.
knüaisten	stöhnen, ächzen.
Knubbel (m.)	Geschwulst.
Knubben	ein kurzes, dickes, knorriges Stück Holz — ein Knubben Brod etc.
knüötterig	unwohl, verdriesslich (bei kleinen Kindern).
knüükstern	zum Zeitvertreib sich mit etwas beschäftigen, etwas fertig zu bringen suchen, ausklügeln.
knüppelhageldick	total betrunken, besoffen.
Knucks	wenn Jemand bei schwerer körperlicher Arbeit sich innerlich (Muskel, Sehne) verletzt, dann heisst es: ek heffe enen Knucks weg.
Knüwe	dicke Rasenstücke, Torf, Rasen, woraus Asche zum Düngen gebrannt wird.
knuwen	mit vollen Backen langsam kauen.
knuffen	puffen, stossen mit der Faust; — geknuffte Fust: geballte Faust.
knufflig	zerknittert.
knuadder	ganz total zusammengedrückt, gebrochen etc. (et gang ganz knudder, inain, entwee).
knuatschen	(in de Driete knuatschen): in Schmutz und Dreck heruntreten.

Knupp	Knoten.
knuseln	zusammendrücken, etwas inaccurat machen, verknuseln: verpfuschen.
Knusten	eine dicke, unförmliche Masse — z. B. ein Knusten Holz, ein Knusten Brod; — eine dicke harte Geschwulst etc. (He hiät et knustendick achter de Ohren: voll Ränke und Kniffe.)
Kobbe	Spinne; Kobbenjäger: ein Haarbesen mit langem Stiel.
Kodde (f.)	Schwein, Spanferkel.
Koddendrees	ein Talps.
Köckler	Gaukler, Taschenspieler; — Kukelarum, Kackelerigge (altdeutsch: Kukellerie), Gaukeleien und Zauberkünste. Die Kukelke, Strasse in Dortmund, führt zu dem Kukelkenteich, der jetzt ausgefüllt und bebaut ist. Dies war der Teich, in dem in früheren Zeiten die Hexenproben stattfanden. Schwamm darin das der Zauberei beschuldigte Weib, dann wurde sie schuldig befunden und mit Stangen untergetaucht und zu Tode gebracht; sank sie unter, so war sie schuldlos, aber man liess sie dann trotzdem ohne Hilfe im Wasser untergehen.
Köppken	die Obertasse beim Kaffeegeschirr.
köeppsch	eigensinnig.
köetern	den concubitus begehen.
Kolk	tiefe Stelle in einem Teiche; die Tiefe vor den Mühlenrädern.
Kollerbast	ein leicht aufbrausender Mensch, Hitzkopf, Polterer.
kotschen	erbrechen, sich übergeben.
kräkeln	stets Recht haben wollen und deshalb stets Anderen widersprechen (en Kräkelhanns).
Kränkede	Fallsucht, Epilepsie, böse Wesen.
Kälhenschnidder	die Mistelpflanze auf Bäumen (viscum album).
kraken	krachen, knistern, knarren.
Krakke	ein altes, abgetriebenes Pferd, Karrengaul; auch ein kleiner störrischer Junge wird so genannt.

Kraus	Kanne, irdenes Trinkgefäss, auch als bestimmtes Maass (altdeutsch: kras, krûs).
kregel	frisch, munter, lebendig (besser ein kleiner Kregel als ein grosser Flegel).
kreitern	keifen, jammern, schreien.
Krenzel (n.)	der Ausschuss beim Reinigen des Kornes; sik krenzeln: sich bei körperlichen Schmerzen krampfhaft bewegen.
Krempel	die Masse zusammen, der Rummel (wat kostet de ganze Krempel?).
Kribbelkopp	Hitzkopf, Giftkopf. kribbeln: kitzeln, jucken.
krimisig	aufgeräumt, munter.
Krink	Kreis, Ring.
Kripps	(en bim Kripps kriegen): festnehmen, beim Kragen kriegen.
kriten	laut weinen, schreien, kreischen.
Kritschwalbe	die grosse Mauerschwalbe.
kritsuer	sehr sauer; — Sur: Essig (dat es so sur dat et krit!).
Kroam	im Kroam kommen: Wochenbett halten. krämen: gebären; Kramfrau: Wöchnerin, (altdeutsch: kram: Zeltdecke, ausgespanntes Tuch oder ähnliches Dach als Wetterschutz, der Vorhang, die Gardine, hinter der die Wöchnerin liegt).
kroasen	etwas durchsuchen, durchstöbern; leichte, spielende Beschäftigung, Zeitvertreib.
Kröcheln	anhaltender böser Husten, Brustleiden.
kröppen	den Bäumen die Aeste abnehmen, z. B. den Weidenbäumen etc.
Krolle	Locke; — krolliges (lockiges) Haar.
Krote	Karotte, rothe Rübe.
krüden	anmaassen, es wagen (krüed dik es: probire es einmal!); bekrüden: durchsetzen.
Krüllen	dichtes, verworrenes Haupthaar; Krullkahr: Schiebkarre mit Kasten; krüllen: mit der Karre schieben.
Krüper	ein Wasserdurchlass.

Krüperbohne	die Buschbohne, die nicht rankt.
Krummenoth	Gicht, oder sonst ein lähmendes Uebel.
Kru.nekrane	Kranich.
krupen	kriechen (altdeutsch: criopen).
Krut	dick eingekochtes Muss von Obst, Birnen, Aepfel, Pflaumen etc.
Kruthuof	Garten für Küchenkräuter.
Krutwiehe	Krautweihe, Krautmesse (Maria Himmelfahrtsfest (den 15. August), altsächsisch: Krutwiginge).
Krux	ein kleiner Junge, kleines Mädchen, ein kleiner schwächlicher Mensch, Krüppel.
kryeulen	rohes Jubelgeschrei, kreischende Musik.
küärsch	zurückhaltend, eigensinnig, wählerisch (aldeutsch: küähr: die Wahl) — kühren: die Wahl bestätigen.
Kuattegalle	ein böser, verrufener, stinkiger Ort, ein wüstes, unheimliches Haus, eine unreinliche, liederliche Wirthschaft, (früher wurde dieses Wort häufig in diesem Sinne gebraucht).
Küff	alter, abgetragener Hut, schlechte Kopfbedeckung (altdeutsch: Kiffe: ein schlechtes Haus).
küllen	anführen, verleiten, täuschen, überlisten.
küm	engbrüstig.
Kümpel	stehende tiefe Wasserlache, Tümpel.
Küöttel	Rossäpfel, die harten Excremente der Thiere.
Küötter	ein Landmann mit geringem Grundbesitz, Pächter; Küötterei: Gegensatz von Bauerhof).
küren	sprechen, reden; Kürerigge: Gerede.
Kürkunte	eine redselige Person.
Küt	eine tiefe Tasche, Beutel; der Sack an einem Fischnetz.
Kuhle	Grube, Gruft, Höhle. (Kühlken in de Backen, hiät en Schelm iin Nacken.)
Kukummer	Gurke; (latein.: cucumis).
Kump	eine weite, tiefe Schüssel, Napf, der Trog für das Vieh.
Kumst	Weisskohl, Kappus.
Kungeln	heimlich tauschen, handeln, trödeln.

Kunkelfusen	Täuschung, Wirrwar, blauer Dunst; Kunkelfuserigge: Unterschleife, was nicht mit rechten Dingen zugeht.
Kunte	der Hintere (Posteriores), (altfr.: kunte, die weibliche Schaam).
Kunterbunt	bunt und kraus durcheinander.)
kuotens	kürzlich.
Kuotten	ein Bauerngütchen (mit 1 bis 2 Pferden).
Kurmel (m.)	Gewühl, Gedränge, lärmendes Durcheinander.
Kusen	Keule, dicker Knüppel: Hiärgottskusen: ein dämlicher geistig beschränkter Mensch, ein polternder, bornirter Pfaffe.
Kutte	Küttken (cunnus, volva); kuttendoll: mannstoll.
Kuttenkrüsser	die Kardendistel, Weberkarte (dipsacus).
Kype (f.)	Tragkorb, auch ein aus rohen Weiden geflochtener, eirunder Handkorb.
labet	schwach, abgemattet, unwohl.
laff	fade, kahl, nüchtern von Geschmack.
Lallaken	Betttuch, Leichentuch.
Laken	Tuch, Zeug, meist aus Wolle gemacht (altsächsisch: lakan).
Landteler	ein Frachtfuhrmann, der weit über Land fährt.
Lanfer (f.)	der Baum, der den Vorderwagen mit dem Hinterwagen verbindet. Lanfer, Lantwere: Landwehr, ein aufgeworfener Grenzgraben.
late	spät; te late: zu spät.
Laulamm	ein träger, unbeholfener, schlottriger Mensch.
lawrig	schmierig, kothig, breiartig (lawrige Driete).
Lebbese	Lippe, Mund.
Lecke	der grossblättrige Huflattig (tussilago) heisst auch: Pestwurz, Brennwurz etc. (Leckenbecke, kleiner Bach bei Dortmund.)
ledden, letten	sich aufhalten, verweilen, verspäten, hinhalten, hindern (altsächsisch: lettian).
Lele	Schiefer, Dachschiefer, Schiefertafel. Leiendecker: Schieferdecker.
Lels	Schilfrohr, Ried (altdeutsch: lösch, losk, liesk).

Lellbeck	ein läppischer Mensch.
lentern	herumlentern: müssig gehen.
Léwerick (m.)	die Lerche (altdeutsch: leve: Freude, Lust; rik: reich (an Lust und Freude reich).
Lexe	Lection, Aufgabe, was in der Schule der Lehrer den Kindern zum auswendig lernen aufgegeben hat.
libberich	labberich: widerlich süss schmeckend.
Lichtschlag	ein junger Mensch von leichtsinniger Natur.
Lichte (f.)	Tragriemen, z. B. bei der Schiebkarre.
liég	leer, ledig; unliég, sehr beschäftigt thun (scheinen).
lieke	grade, gleich.
Liekentrecker	Lineal (altdeutsch: Likholt).
lierweck	mürbe, zerbrechlich, nicht haltbar.
Liewe	Schleie (Fisch).
Lint	glattes Band: Frauenzimmerschmuck.
Lirendreier	Drehorgelspieler, Leierkasten.
Lobbe	Hemdkrause, Busenstreif.
Locht	Licht, Luft.
Lochte	Fensteröffnung.
Löepen	Saatlöpen: ein ovalrundes Gefäss mit Thierfell überzogen, welches beim Säen des Kornes gebraucht wird.
Loat	ein Bienenschwarm; Noahlat: ein Bienennachschwarm.
Loh (n)	junger Wald, auch Moor, Morrast; Löhken: Buschwerk, schattiges, anmuthiges Plätzchen.
Losdriwer	Herumtreiber, Vagabund.
Luahr	Propfreis.
lübben	castriren.
lück	ein wenig; (niäm en lück)!
Lüe	Leute, altdeutsch: lude) im benachbarten Hörde heisst es noch: dat sind use Luie!
lük	halb offen, — lücken: halb offen stehen lassen, altsächs.: lukan: verschliessen.
Lüker	ein Heber; — lüken, mit einem Heber abzapfen.
Lüll	schlechtes, trübes, dünnes Getränk.
Lünink	Sperling, Spatz (altdeutsch: luynynk, musch.
lünken	herüberschielen, mit den Augen winken.

Lüns (n.)	der Achsennagel, der Bolzen den man vor dem Rade in die Achse steckt.
lütke	klein wenig (en lütke Mile: eine kleine Meile).
luhrblétsch	heimtückisch, lauerbissig.
luhrig	langsam, träge, matt, verdrossen.
Lusepungel	ein unreinlicher Knabe, voller Läuse, Lausejunge; (altdeutsch-westfälisch: pungel: Bündel, der volle Beutel, ein kleiner Sack voll Getreide.)
lustern	lauschen, horchen.
Lusthus	Gartenlaube.
Machsachte	der vordere, ungefaltene, gewöhnlich aus grauer Leinwand gefertigte Einsatz, Theil des Weiberrockes, der von der Schürze bedeckt wird; (mag sachte, mag leicht).
Mackemente	verdriessliche Umstände.
Maer	Mahr, Alp; de Maer rait iäm: er hat Alpdrücken.
Märsch (n.)	Viehweide; Merschland: niedriges sumpfiges Land.
Maiboom	oder Eiboom — Maiboom scheiten: Purzelbaum, Rad schlagen.
maien	Dienstboten miethen (siehe Adag).
Maihiähnken	ein leichtblütiger, leichtsinniger, frühreifer junger Bursche mit den besten Anlagen — Taugenichts zu werden.
manschen	mengen, mischen, mit dem Nebenbegriff des Unpassenden, Ungehörigen.
Mantelkind	ein uneheliches, durch spätere Heirath legitimirtes Kind (weil es bei der Copulation unter dem Mantel der Mutter getragen wird).
Maria én dräuppken	Maria Heimsuchung. Katholischer Festtag, den 2. Juli. Der Volksglaube ist: wenn es an diesem Tage auch nur einige Tröpfchen regnet, dann giebt es trübes, nasses Erntewetter.
Matirge	Materie, Eiter.
Matthéér	Mörser (Küchengeräthe), (französisch: mortier).
Matzfuotz	ein schwacher, unschlüssiger Mann.
Maue	der Aermel am Rock, Kleid (altdeutsch: mauwe, mawe, mave; Aermel, besonders der weite Aermel, manika).

mechten	keuchen, stöhnen, ächzen.
Méérsche	Meiersche; so heisst die Frau des Schulzen im Dorfe.
Melk	Milch; de Kauh es melk: eine Kuh, die gekalbt hat.
Melm	Strassenstaub (altsächsisch: Mêlm).
men	aber; meinen.
Mengel	das Innere vom Kernobst; bedeutet auch ein halb Maass Getränke (ein Mengel Bier).
mer	eben nur; (det es mer en bietken.)
Mett	fein gehacktes Schweinefleisch (Mettwurst).
middelst	unterdess, derweilen.
Middewinter	Weihnachten.
Midsommer	Mitte des Sommers (Johanni den 24. Juni).
Miege	Urin — Miegenkieker: Harngucker, der alle Krankheiten nur nach dem Harn beurtheilt; bemiegen: bepissen.
Miere	Hühnerdarm, Vogelkraut (altdeutsch: mir; lateinisch: alsine: Unkraut).
Mierck	Merettig.
Mikke (f.)	Semmel; Rüggemikke: Roggensemmel.
min	gering (lateinisch: minus; griechisch: μίνυνδα).
Minachtung	Geringschätzung; minächtig: geringschätzig.
mis	übel, fehl. S'is nich ganz mis: es ist noch kein Unglück, oder: es ist noch nicht ganz gefehlt; ek daue et mis: ich thue es ungern.
Miss	die weibliche Katze, der Kater heisst Bolz.
Mömme	Mutter.
Möene	Tante.
möepen	maulen, verdriesslich sein.
Moerwärk	Krankheit der Frauen, Uebergangsperiode bei Abnahme der Fruchtbarkeit — (Moer: Mutter).
Möese	cunnus, volva.
Molkentöwer	Molkendieb, Schmetterling, Nachtfalter, die haarige braune Raupe. (altdeutsch, westfäl.: molkentöwer: Milchzauberer. Milchhexe; durch Zauberei den Kühen die Milch entziehen.)
moll	locker, weich, zart (mollige Erde).
Molle (f.)	ein grosses hölzernes Becken.

Mollmus	eine Art Erdratte, welche die Wurzeln der Pflanzen abnagt.
Mostert	Senf.
mots	tüchtig; (en mots Kerl).
müär	mürbe, zartschmeckend (Müärbräken, Braten).
müättig	matt, schwach, hinfällig.
muatts	sofort, augenblicklich, rein weg. (he was muatts dot; et gank muatts entwe.)
muddig	dumpfig, muffig, mulstrig.
Müll (n.)	Schutt, aufgehäufter Staub.
mümmeln	langsam kauen.
Mürhlähnken	Grille, Heimchen.
Mütken	die Hornklaue am Schweinefuss.
Mulster	der Müllerlohn in Getreide
Muodder (f.)	Schlamm, Morast.
Muuke (f.)	heimliches Versteck für Obst; (damit es mürbe werde).
Murjan	ein unreinlicher Mensch, besonders Kinder mit schmutzigem Gesicht (altsächs.: morian).
Museklbse (f.)	Mäusehabicht, Falke.
Mutte (f.)	das Mutterschwein (das männliche Zuchtschwein heisst Bär).
Mutze	kurze irdene Tabakspfeife (Stummel).
näbbeln	nibbeln, nagen, knuspeln; hat auch den Nebenbegriff: Kleinigkeiten entwenden.
näelen	nergeln.
närig	betriebsam, auf den Erwerb bedacht. (altsächs.: nerian.)
Naum	Mittagschläfchen.
Naust	Baumast, Knorren.
Neste	Vorrathskammer; Hukekammer (für Obst).
Nesthuodderk	das jüngste Vögelchen einer Hecke, das jüngste (verzärtelte) Kind der Ehe (Nesthückchen.)
Niégenmößner	der Neuntödter (das Geschlecht lanius), Darmfalke auch Hornisse (weil ihrer neun ein Pferd sollen tödten können).
nieppentücks	heimtückisch.
Nièrendüähr	das grosse Scheunenthor, Einfahrtsthor. das Bauernhaus hat ein Nièrenend und ein

	Küchenend. (Met de Nierendiähr wenken: einen sehr deutlichen Wink geben (analog.: mit dem Zaunpfahl winken).
nlétterblétsch	natterbissig.
nléts	ganz, durchaus, reinweg, radikal. (et gank niets entwee.)
nlétsch	neidisch, falsch, boshaft, ärgerlich.
Nlétte	eine junge Laus, Nisse (altsäch.: nête, nêt, Lausei).
Nlévelkappe	Nebelkappe, die gewöhnliche Hausmütze der Frauen niederer Stände.
niggellck	eigen, eigensinnig, eigenthümlich, sonderbar (auch neugierig).
Nippetid	ein Neuigkeitskrämer.
Noaber	Nachbar (altsächsisch: nâbûr; altdeutsch: nâ-bûr, buwer, nâgebûr.
Noamaat	Nachheu, Grumt.
nöe	neugierig (ek sin nit nöe drop; et es mi nit nöe drum: ich bin nicht neugierig darauf; ich habe just kein Verlangen darnach).
noet	ungern (ek daue et noet).
Nükke	Mucken, Eigenheiten, Launen, Kniffe, Hintergedanken (he hiät Nükke im Kopp).
Nüer (n.)	Euter der Kuh (bei einer trächtigen Kuh heisst es, wenn die Milch eintritt: se es vullens nüerens).
nüms	niemand; üms: jemand.
Nüössel	Lichtschnuppe; nüösseln: näseln; nöseln: Neigung zum öfteren Schnapstrinken.
Nüsken	ein ungehörntes Rind.
nuffen	puffen, stossen (mit der Faust).
Nuatt	Nuss; — de Nuatt es lächt; wenn die Hülse abfällt; en beschoaten Nüättken (Muskatnuss) etwas als ganz besonderes, vorzügliches bezeichnend.
Nuatthiége	Haselhecke; det geht bis in de Nuathiege: das geht bis zum Aeussersten (bis in die Pechhütten).
obsternätsch	hartnäckig, halsstarrig (obstinat).
Oehme	Onkel.
Oelgötz	ein dummer, einfältiger Mensch.

oerdröge	hinter den Ohren trocken — (de Junge es noch nit oerdröge (noch unreif).
of	oder (en of anner).
ohße	Zuruf zum Stillstehen der Pferde.
op	auf; büst du all op? op den Muck heffen: auf den Strich haben.
op den Stipp	sofort, auf der Stelle; du kümmst op den Stipp naa Hus!
opdonnern	sich aufputzen, in den höchsten Staat setzen.
opriffeln	etwas gestricktes, gewebtes wieder auflösen.
oprützig	widerspenstig, sich auflehnend, empörend.
optrecken	aufziehen, auffüttern, erziehen (Kinder) (bedeutet auch: Jemand zum Narren haben, hänseln).
opwüäkken	das Aufstossen aus dem Magen (Rülps).
Orand	Verdriesslichkeit ohne Grund, Misslaune, Schrullen, Spleen; (altdeutsch: ôdralich, ordrotich: verdriesslich).
Ort	Winkel, Ecke, (altdeutsch: Orthus: Eckhaus).
Ossenpiéderk	Ochsenziemer.
Päsken	der wollige Pfirsich (franz.: pavie).
Pässer	Zirkel (altdeutsch: Passer).
Panne	Dachziegel; Panndàk: Ziegeldach; Pannenbäcker.
Pannhase	Wurstbrühe mit Buchweizenmehl eingerührt und in der Pfanne hart gebacken.
Panntel	Schlunze: eine unsaubere, unmoralische Weibsperson, die heimlich Sachen verschleppt, vertrödelt, kuppelt, Klätschereien treibt etc.
Pannt	einzelne Zeugstücke zu einem Kleide etc. — Rockpannt: Rockschoss.
Panwiémel	Rosskäfer (Scarabaeus stercorarius).
Panze (f.)	auch Wamme genannt; der zweite Magen der Wiederkäuer (altdeutsch: panse, pantse), der Schmeerbauch eines fetten Menschen.
Papenkutte	auch Papenpitten, Piepenpapen genannt (Giftpflanze), gefleckte Aron, Natterwurz, Zehrwurz (arum maculatum).
Papp	Brei, Muss, Kinderbrei; pappig: wird auch das schlecht ausgebackene Brod benannt.

pardauz	(Interjection) das Hinfallen eines Körpers nachahmend (pardauz, lag he da!).
paselacken	stolpern, traben, laufen.
Patrone	Muster, Modell (altdeutsch: patrone).
patzig	im Antworten kurz angebunden und derb.
Pedde	Padde: Kröte.
Peddenstauhl	Pilz (boletus), (altdeutsch: pogge: Frosch; Poggenstol: Erdschwamm).
pellen	ausschälen, abschälen (lateinisch: pellis: das Fell).
Peppe	die weibliche Brust; Peppentömer: Schnürleib.
persé	von selbst; dat versteht sik persé (lateinisch: per se).
Pläkviester	Spitzname für Schuster.
Plärvolk	Reiterei in grossen Haufen.
Piék	der harte Eiter in einem Geschwüre; Piek: heimlicher Groll (he hiät en höllischen Piek op mi); (altdeutsch: pek pick; Pech).
Piele	Ente.
Plémmel (m.)	Ruthe, männliches Glied.
Piepenpräucker	ein Pfeifenräumer; auch Schwächling, ein Mensch in kleinlichen Lebensverhältnissen und beschränkter Denkweise.
pil (adv.)	grade, gegen; pil in de Höchte; pil gegen den Wind (altdeutsch: piler: Pfeiler).
piltern	quälen.
Pingstbrût	Pfingstbraut; so wurde das Milchmädchen benannt, welches am Pfingstmorgen zuletzt auf die Gemeindeweide kam. Sie wurde bekränzt, wobei dann mit den sich dabei einfindenden jungen Burschen Zuckerbranntwein in Masse getrunken und mancherlei Unfug getrieben wurde. Die Theilung der Gemeindeweiden machte dieser rohen Lustbarkeit ein Ende.
pinig	he es pinig drop: er verlangt sehnlich danach.
Pinn	Pflock, Holzpflock.
pinnevull	ganz voll, voll bis zum Rande.
Pinnholt	Pflockholz, Faulbaum, (das Holz, woraus der Schuster die kleinen Pflöcke schneidet).
pinögeln	genau besehen, scharf ins Auge fassen, visiren.

Pinxtvoss	He luhrt as en Pinxtvoss; (auch altdsch.: pinxtvoss) (Bedeutung ?).
piplings	geradezu; bei Flüssigkeiten statt tropfenweise, in dünnem Strahl frisch hervorquellend.
pisakken	körperlich quälen.
Pitt (m)	das männliche Glied.
pitten	prügeln in gelinder Weise.
Pittmeise (f.)	ein kleiner, schwächlicher Mensch.
plaaks	Knall und Fall! he foll plaaks ter dal; plaaks lag he da: er fiel der Länge nach hin; èk schlaug iäm plaaks [mit voller Faust] ins Gesicht).
Plack	Flecken, Schmutzflecken, ein grosser Klex, bezeichnet auch einen gewissen Flächenraum.
Pläcke	Schmutzflecken, bezeichnet auch ein Frauenzimmer von schlechtem Ruf; sik beplacken: besudeln, beschmutzen.
Pläcker	ein glatter Holzschlägel, der bei der Wäsche gebraucht wird: (lat.: plectrum).
plären	verplären: Wasser, Flüssigkeiten verschütten.
Pläster	Sturzregen, Strassendirne; plästern: unschickliches, leichtfertiges Herumtreiben eines Frauenzimmers.
Plaggen	Wischlappen, Scheuerlappen.
platt	plattweg: grade aus, ohne Hehl. — (Ek seg iäm dat plattweg vüär diäm Kopp.)
platterdings	schlechterdings, gänzlich, gradezu. (dat es platterdings unmöglich!).
Plass	ein adliges Gut, Rittersitz; die nähere Bezeichnung geschieht nach dem Namen des Besitzers.
Plaug	Pflug; Plaugstiärt: die Handhabe am Pflug.
Plaugrad	oder Pleirad: eine Vorrichtung auf dem Dachboden zum Aufziehen schwerer Lasten.
pliäddern	Flüssigkeiten aus Unachtsamkeit verschütten.
pliäddrig	breiartig; pliäddrige Suppe; pliäddernatt: ganz durchnässt.
Pliärmuss	Fledermaus.
plikken	boshaftes körperliches Necken (bei Kindern).
Plock	etwas Zusammengehäuftes; z. B. ein Plock Wolle, Werg, Hede etc.

plüstern	berauben, abpflücken und dabei beschädigen oder zerzausen, verderben.
Plume	die Flaumfeder.
plunnern	geronnen; geronnene Milch; Plunnermilch (altsächs.: Kluntermelk).
plunschen	plätschern im Wasser.
Pluren	altes Hausgeräthe, alte Kleidungsstücke, Lappen etc. (lat.: plura, Mehreres.)
Poaschen	Ostern (altdeutsch: pâsche).
Poast	ein Kind, 3 bis 4 Jahre alt.
Poate	Pforte, Hofthüre (altsächsisch: porta).
Poave (f.)	der Pfau (altdeutsch: pawe, pagelûn).
Pöttkesbüel	Gerstenpudding.
Pofist	ein schwächlicher Mensch.
Poot (m.)	Pfütze, Wasserlache.
Potritze	ein einfältiges, eigensinniges und dabei nicht hübsches Mädchen.
Pott	Topf, eiserner Kochtopf.
Potthast	Ragout — Pfefferpotthast: Ragout von fettem Rindfleisch (Dortmunder Leibessen).
prachern	inständig bitten, betteln.
Prachervogt	Bettelvogt.
präkaweeren	vorbereiten, dafür bürgen, haften. ek präkaweere davüär: ich stehe dafür ein.
pratten	murren, trotzig maulen.
prahmen	pressen, keltern. — Wenn im Herbst das Birnobst in Masse gekocht und zu Krut' (Muss) zubereitet wird, so nennt man dies hier: prahmen.
prempen	verzierte Schriftzüge machen; de Mule prempen: das Maul verziehen.
prick	sauber, nett, schmuck, accurat (eine pricke Dirne).
Pri̇̀ckel	Stachel, eiserne Spitze eines Stockes; pri̇̀ckeln: sticheln, stacheln, aufreizen (altdeutsch: prekel).
proateln	reden, schwatzen, Kindergeplapper (alstächsisch: praten: reden).
prudeln	eine Arbeit schlecht verrichten; Prudli: Pfuscherei.
Prüllen	altes Hausgeräthe, Gerümpel.
prümen	Taback kauen.

Prümmel	ein Bünsel, kleines Mädchen.
Prume	Pflaume.
Prumenkötter	herabsetzende Bezeichnung eines Landmannes mit wenig Grundbesitz.
pruoken	porren, das Feuer schüren; pruokeln: heimlich hetzen, aufreizen.
prusten	stark niesen; anprusten: anschnauzen.
Prütt	Ablagerung von Flüssigkeiten, besonders Kaffeesatz.
Püehl	Bettpfühl.
püek	sicher, haltbar; he es nit püeck: ihm ist nicht zu trauen.
Pütt	Brunnen (altsächsisch: putte); pütten: mit dem Eimer Wasser aus dem Brunnen heraufholen.
Puffert	ein dicker (Hefe-) Kuchen; Taschenpistole.
pumpen	einen lauten Wind abgehen lassen.
Puodderk	eine dicke Blutwurst (en Puodderk in de Panne.)
puoten	setzen, pflanzen (altdeutsch: poten, potten, paten).
pupen	küssen; Puphand: Kusshand.
puppern	schlagen (vom Herzen) mi puppert dat Hiätt vüär Freude!).
pusten	blasen, in die Backen blasen; Püster: Blasebalg, Püstentriär: Balgentreter.
putzig	seltsam, sonderbar, auffallend, drollig.
quäbbelich	quädderich: weichlich, widerlich, breiartig.
Quäl (n.)	Lampendocht.
quängeln	nergeln, marken, mit nichts zufrieden sein, immer etwas daran auszusetzen haben, fortwährendes Gewimmer (Quängelkunte).
quakkeln	schlecht, undeutlich schreiben; sein Geld verquackeln: unnütze Ausgaben machen, in Kleinigkeiten viel ausgeben (Quackelschulden).
Qualster	Baumwanze (Gattung cimex).
Quant	ein lustiger, schnurriger, aufgeweckter Mensch (maitre de plaisir).
quatern	lang und breit schwatzen; quaterich: weichlich, empfindlich; Quaterkunte: larmoyant, in Thränen zerfliessend.

Quebb	sumpfiger Boden (quebbilich: feucht), nasse Stelle auf Wiesen und Weiden.
Quehle	Handtuch, Serviette (altsächsisch: dwele, dweile), Quehlengänger: Rad oder Rolle, worüber das Handtuch gehängt wird.
quell	üppig, wohlgenährt (eine quelle Dirne).
Quidipsche	die weibliche Scham.
quicken	das Schreien der jungen Schweine.
quinen	kränkeln, abzehren.
Quinquänke	Umstände, Ausflüchte, Einwürfe, Seitensprünge).
Quirlefix	ein unstäter, unruhiger Mensch.
quisseln	verweichlichen; sik verquisseln.
Quood	böser Ausschlag, Grind; quade: böse, schlimm.
Rabuse	Verlust (altdeutsch: grabbuse [f.]: das Raffen; einer rafft es schneller als der andere; dat gaiht in de Rabuse: das geht in den Rummel verloren. (Rabulisterei?)
rängeln	durchprügeln, durchbläuen; ein Rängel: ein derber Stock dazu.
ränkstern	poltern, lärmend herumtreiben.
rären	weinen, heulen, blöken, quaken.
rain	zubereiten, sich fertig machen; rai di: beeile dich, rühr' dich, mach' dich fertig.
Rammsnase	eine gebogene Nase, wie bei einem Widder.
Ramp	Rummel; im Ramp: in Bausch und Bogen, zusammen.
Randàl	Lärm, Spectakel.
ranntern	sich herumtummeln, balgen.
rappeln (sik)	sich beeilen, hurtig arbeiten.
ranzen	anranzen: auf gemeine Weise jemand mit Worten anfahren; utranzen: jemand so tadeln.
rapplich	unwirsch, verdreht, wirr, närrisch (he es rapplich im Kopp).
Raste	ein aus Holz angefertigtes Grabdenkmal in Form eines Sargdeckels. (Rast, Ruhe.)
Raut	Ofenruss.
rééren	risseln, ausfallen, z. B. das Ausfallen des Getreides.
Rék	ein Real, Repositorium (Schüöttelrék, Piepenrék etc.).

Remeltat	viel Lärmen (Gerede) um Nichts (dat es ne Remeltat).
reménten	poltern, geräuschvoll herumtreiben.
Remmel	das männliche Kaninchen; remmeln: begatten.
Remter	Remster: Gallerie, die Emporen in der Kirche.
Rép	das Seil, Tau; (gotisch: raip), Repschläger: Sciler.
Répe	Raufe, Heuraufe; repen: raufen, das Flachs durch die Hechel ziehen.
Riäpp (n.)	Tragkorb, Tragkasten des Hausirers.
riédern	zittern; he riedert und biévert: er zittert und bebt.
Riéppe	· eine Hechel im Grossen, worauf die Saamenkapsel des Flachses abgestreift wird.
Rieve	der Saamen vom Hederich (Wucherpflanze [raphanus raphanistrum), rive sein, heisst flott, verschwenderisch sein; — eine rive Haushaltung. (Rieve, Reibe, Reibeisen).
Rigge (f.)	Querholz, Riegel, beim Fachwerkbau.
Ringel (m.)	Kufe: grösseres hölzernes Wassergefäss mit Henkeln; Ringelbaum: hölzerne Stange zum tragen desselben — ein Ringel Kohlen: ein halber Scheffel Steinkohlen.
Ripert (m.)	Tasche.
rips	fort, verloren (dat gaiht rips!).
risen	das Propfen der Obstbäume (altdeutsch: anrisen: zuwachsen, zukommen).
Roathel	Immenroathel: Wabe, die Wachs- oder Zellenscheibe der Bienen.
Rondeel	Schanze, Bastion. Bei der früheren Befestigung Dortmunds befanden sich nach allen Seiten hin Rondcele auf den Wällen angebaut (altsächsisch: rondêl [n.]), was kreisförmig gemacht ist.
Roulink	ein Ausschlag am Munde.
Rookschuatt	Rauchfang.
rubbelich	uneben, rauh auf der Oberfläche, z. B. die hart gefrorene Erde.
Ruhbart	eine Frau, die Haare am Kinn (Lippe) hat.
Rüe	Hund, Rüde.
Rüef (n.)	Kruste auf Wunden, Geschwüre.
Rüggestrank	Rückgrad.

Rüggen	ein lang gestrecktes Stück Ackerland (gewöhnlich 1 Morgen gross).
Rümstroate	(se het Rümstroate makt met de Franzausen): aufräumen, reine Bahn machen.
Rüénblaume	Camille, Hundscamille.
rüstern	reinigen, aufbessern, auffrischen.
rütergahr	nothdürftig gahr.
Rütersalve	Salbe gegen Ungeziefer (Mercurialsalbe).
Ruhlfär	ein roher, ungehobelter Mensch.
Rump	Kleidungsstück (eine Art Weste).
Runge	Wagenrunge: die vier Stammleisten, welche die Wagenleitern stützen und halten.
Rurip	Rauhreif.
Ruse (f.)	ein harter Klumpen, die hart gefrorene Erde.
Rute	Fensterscheibe (Raute, Rhomboid): die frühere Form der Fensterscheibe.
saassen	nachgiebig, geschmeidig werden, klein beigeben (he wurde so saassen).
sack	sackgruaff, sackduster etc.
Saisse	Sense; Siékel: Sichel (siehe Siégt).
Saiwer	der Abfluss des Speichels.
Salm	Psalm, Gesang, Vers aus dem Kirchengesangbuch, ein langweiliger Sermon.
Saloppdauk	grosses Umschlagtuch für Frauenzimmer.
Schabblünter	hinterlistiger, schlauer Patron, Schuft, Betrüger.
Schacht	eine lange Holzstange, Hopfenstange (Schaft).
schäbbig	hässlich.
schampen	streifen, die Haut schampen: leicht verletzen; afschampen: abgleiten.
Schandploaster	ein ganz abscheuliches Weib.
Schapp (n.)	Schrank (altsächsisch: scap).
Scharlaken	Scharlach.
schatten	Ertrag, Zinsen geben; z. B. dat Korn schätt guod: gibt guten Ertrag; schattrick: Capitalist reich an Zinsen; Schattung: Besteuerung; Schattenthaler; beschatten: besteuern.
Schemm (n.)	Steg über Bach, Graben etc. (altsächs.: schem).
Scherwenzel	ein Mensch, der sich in alle Lagen und Umstände

	zu schicken weiss. Höfling, Kriecher, Speichellecker; scherwenzeln: schweifwedeln, schmeicheln, streicheln, Cour machen etc.
schichtig	scheu, vorsichtig, zurückhaltend.
Schielwippop	ein Mensch, der schielt.
Schienpipe (f.)	das Schienbein (altsächs.: schenepipe).
Schienströper	nur der obere Theil eines Strumpfes; — ein halber Feiertag wird scherzweise auch so benannt.
Schieve -	der Abfall beim Brechen des Flachses (altsächsisch: Scheve).
schir	lauter, unvermischt (altsächs.: skir, sciri); z. B. schir Wasser, schir Milch etc. — Bedeutet auch scharf, schneidend; z. B. schire Locht: kalte, schneidende Luft.
Schlacks	ein lang und schmächtig aufgewachsener schlottriger junger Mensch.
Schladakke	ein klatschsüchtiges Frauenzimmer, das sich viel ausser dem Hause herumtreibt.
Schladder	ein schwatzhaftes Frauenzimmer.
schlänkern	die Beine schlänkern, schwengeln: nachlässiges affectirtes Gehen; durchschlänkern: durchhelfen, sich durchwinden.
Schlag	Geschick, Geschick dazu haben; (he hiät Schlag tertau; he es vom Schlage af).
schlakkern	mit den Beinen schlakkern: etwas abschütteln.
Schlampamp	dicke Brühe, unappetitliches Allerlei durcheinander; Schlampampe: eine schmutzige Hauswirthin.
Schlenke	eine lang sich hinziehende mit Wasser angefüllte Vertiefung in einer Weide.
schlickrig	fett, schmierig, glattzüngig; schlickern: mit der Hand etwas abschütteln.
Schlieppkunte	Schlieppsack: eine träge, säumige, nachlässige Person.
Schligge (f.)	Einfriedigung einer Weide mit Langbrettern (Schliggen).
Schlippe	Schooss; etwas in de Schlippe (Schürze) nehmen.
Schlobber	schmutzige Brühe etc., Trank für Schweine.
Schlocks	ein nachlässiger, schlottriger, bornirter Mensch; schlocksen: träges, nachlässiges Einhergehen.

4*

Schluckertasche	Näscherin, Leckermaul; schluckern: heimlich etwas Leckeres geniessen.
schlüchtern	die Bäume schlüchtern: die dürren oder überflüssigen Zweige abhauen.
Schlüter	Brauknecht; der Zapfer in einem Bierhause.
Schluse	gemauerter, grosser Abzugscanal.
Schmachtlapp	Hungerleider; — schmächtig, hungrig, hager.
Schmand	Milchrahm; Schmandkater: Naschmaul.
Schmiär	Schläge (he hiät de schönste Schmiär kriégen), — Schmiärfink, Schmiärfix, Schmiärlapp..: ein unreinlicher Mensch.
Schmiélle	Binse, Grashalm.
Schmiéllentrecker	Grasmücke (motacilla).
Schmieskättken	Vorlegeschloss.
Schnäbbel	ein vorlautes, junges Mädchen (en Schnäbbel von 'ner Diéérn).
Schnäckling	ein heranwachsender Jüngling.
schnak	schlank.
Schnakke	Peitsche.
Schnauk	Hecht (esox).
Schneuse	Wiemen: Stock, Ruthe zum aufhängen der Würste im Rauchfange, bedeutet auch einen lang und schmächtig aufgewachsenen jungen Menschen.
Schnüödder	der Rotz aus der Nase. — Nasenschleim (en schnüöddrigen Jungen).
Schnütebüthl	Schneidebeutel: ein Mensch, der andere stets zu übervortheilen, zu prellen sucht.
Schnüffel	die Nase; schnüffeln: herumhorchen, ausspioniren.
Schnütschär	Lichtputze.
schnuppen	naschen.
Schoalle (f.)	ein dickes Brett, Bohle.
Schobben	ein Schobben Stroh: eine ausgedroschene Korngarbe.
schälvern	abblättern, sich in dünnen Schuppen absondern (bei Hautkrankheiten).
schra	schriäff: mager, elend; schrane Locht: dünne, scharfe, schneidende Luft.
schräbbig	mager, elend, räudig (schräbbiger Hund).

schräken	das Schreien der Hühner.
Schrängel	ein lang und dünn aufgewachsener Junge.
Schrüpper	ein habgieriger Mensch (Harpax).
Schrave	Kohlenschlacke; auch was bei dem Ausbraten des Fettes übrig bleibt (gebratene Speckwürfel).
Schrik	Wachtelkönig, bedeutet auch: ein dürrer, langer, junger Mensch.
schrinnen	brennen, schmerzen (bei Wunden).
Schrute (f.)	Truthahn; Schruthenne: Truthenne.
Schüärstein	Grenzstein, Prellstein.
Schubjack	ein schlechtes Subjekt, Schuft, Betrüger.
schünnen	anreizen, aufhetzen; verschünnen: verleiten, verführen zum Bösen (altdeutsch: anschunden, anreizen).
Schüötteldreiher	der Töpfer.
Schüöttelplage	Wischlappen zum Reinigen der Schüsseln.
Schüppe	Grabeschüppe: Schaufel.
Schür	Scheune, davon der allgemeine Begriff einer Bedachung; Schüöttschür: ein Schutzdach, das hinauf und herunter gelassen werden kann, vorzüglich für Heu und Korngarben (altdeutsch: barch, borch, berch: ein auf Pfosten stehendes Schutzdach); sik schuren: unter Dach kommen, sich vor dem Regen schützen.
Schütt	das Brett, welches bei der Mühle den Wasserdurchgang verschliesst; Mühlenschütt: Wehr.
schulauken	die Schule schwänzen, versäumen.
schütten	pfänden; wenn Pferde, Kühe, Schafe auf fremdem Grund und Boden weiden, dann muss der Eigenthümer des Viches Schüttgeld (Strafe) dafür bezahlen. Schüttstall: Local für gepfändetes Vieh.
schuobbeln	sich scheuern, kratzen, reiben, wenn es juckt; afschuobbeln: sich einer Last, einer Pflicht, einer Verbindlichkeit zu entledigen suchen.
Schuaken	Fuss, Bein, Knochen.
Schuot	Taubenhaus, Taubenschlag; Schuot, Schüöttken Schublade.
Schute	Schaufel, Wurfschaufel.

Schwankraue	der Hebebaum am Ziehbrunnen.
Schwechte	Schwarm; eine Schwechte Vögel; ein Trupp Menschen zusammen.
schweremenge	ein unbestimmtes Uebel (dat wär de schweremenge).
Schwiéppe	Peitsche.
schwingen	Flachs reinigen auf dem Schwingbrett.
Seipschluodder	Seifenschaum.
Selwe	Salbei.
seufern	sickern, Speichelfluss haben.
Sîâge	ein grosses Fischnetz, das die ganze Breite des Teiches bespannt.
Siégt	eine Sense, die mit hoch aufgehobenem Arm beim Mähen geschwungen wird; Siégthaken: ein Haken, welcher beim Kornmähen zur Bildung (Form) der Garben dient.
sige	niedrig; Sigte: Niederung.
simileeren	nachdenken, überlegen.
Siepen	triefen, sickern, quellenreiches Engthal.
sisen	zischen, sprühen; Sisemännken: Spiel des Kindes mit Schiesspulver.
sind	seit; sind Peter, sind Jacob, sind Märten etc.
si so!	so also! (bei Fragen und Antworten).
slabbern	beslabbern: sich beim Essen oder Trinken besudeln; Slabbertuch (für Kinder); Slabberjux: dünner Koth.
Slafîtk	Flügel; en bün Slafütk kriegen: greifen, packen festnehmen.
sladdrig	Kleidungsstücke, die schlaff, schlottrig, nachlässig, unkleidsam am Körper sitzen. (Sei süht so sladdrig ut!)
sle	stumpf (bei Schneidewerkzeugen).
slep	schief, diagonal.
sliänen	sich strecken, dehnen, rekeln (altsächsich: slinan).
Slieke (f.)	der Regenwurm.
slowit	schneeweiss.
Sluffen	Pantoffeln.
Sluarven	alter, abgetragener, schlottriger Schuh.

smieder	smiedrig: schwach, dünn, mager (en smiedrigen Jungen).
smöken	Taback rauchen.
Smudel	eine unsaubere, schmutzige Person.
smuden	smuren, smudrig warm: drückend warm, schwül.
smuderlachen	schmunzeln (altsächsisch: smultra: sanft.)
snabeléren	mit Behaglichkeit essen.
Snagel (m.)	die Schnecke.
Snak	Spassvogel.
Snute (f.)	Maul, Mund; Grotsnut: Grossmaul; en Snütken: ein Küsschen.
Soaltsühr	Salzsäure, Kochsalz; so rief früher der Salzkrämer seine Waare aus.
Soaterdag	Sonnabend; (Sater, Sator in der nordischen Mythologie der Gott der Saaten [dies Saturni).
so droh	sobald (altsächsisch: drado, statim: bald).
Söädlng	Gartensämereien.
söechten	seufzen; en Söcht (Seufzer) gehen lassen.
söer	kalt, trocken; ne söerige Locht: kalte, schneidende Luft.
Soppe	Semmelschnitte mit kräftiger, fetter Fleischbrühe übergossen; geschieht im Herbst beim Einschlachten des fetten Rindviehs.
späen	dat Kind späen: von der Muttermilch entwöhnen; nicht mehr die Mutterbrust reichen (angelsächsisch: spana: die Brustwarze).
spähn	auspüren; die Späh: Ausspürung.
Spagitzen	Scherze, Spässe, Neckereien, Possentreiben; Spagitzenmacher: Spassmacher.
spalken	mit etwas unvorsichtig umgehen, z. B. mit Feuer spalken.
Spaller	ein starker, langer Holzsplitter.
spatteln	zappeln.
Sperenzen	Umschweife, Einwürfe, Weitläufigkeiten, leere Ausflüchte, Quersprünge.
sperangelwiet	völlig, weit aufgesperrt.
speu	schüchtern, zurückhaltend, argwöhnisch.
spierken	ein klein wenig.

spinn dicke!	Ruf des Hänflings, wenn der Frühling eintritt.
Spit	Aerger, Verdruss, Ironie; spitig sein, sich verletzt fühlend.
spitz	genau (dat kann man so spitz nit wićten),
splentern	mit der Hand oder Giesskanne Wasser spritzen.
splenternackend	spleinackend: ganz total nackend.
Sploter	Splitter; sploterig: Eigenschaft des Holzes, Absplisse abzusetzen.
Spokenkieker	Geisterseher.
sprein	breiten, auseinanderlegen, z. B. die Wäsche, Heu etc. zum Trocknen; Spreie: ein Strohlager zum Schlafen.
Sprick	dürres Reiss.
Spriewe	das Aufbersten der Haut an den Fingernägeln.
Sprink	Quelle.
Sproawe	Staar, Sprehe.
sprock	spröde (technisch) z. B. sprödes Holz etc.
Spruten	die an den Strünken des Braunkohles im Frühling hervorwachsenden Triebe.
spuchtig	winzig, dürftig, fadenscheinig.
spüöttern	etwas nicht wohlschmeckend finden und dann mit dem Munde spüöttern (spucken).
Spunner (n.)	Milchdrüse, Euter der Kuh.
Stahlen (m.)	Muster, Probe, Tuchmuster; Stütze von Holz, z. B. der Fuss am Tisch etc.
Staken	ein langer Holzpfahl; Thunstaken: Zaunpfahl.
stapeln	langsam, bedächtig einhergehen (im Alter).
Stiärke (f.)	das Rind
Stiärt	Schwanz, Schweif.
stickedüster	stockfinster.
Stiege	Zahlmaass von 20; z. B. 20 Garben sind eine Stiege.
Stiég	eine Verzäunung zum Uebersteigen, Zauntritt.
Stier, Stie	Plur.: Stićn: Statt, Stätte, Stelle. Dienstbotenstelle; Bettstier: Bettstelle.
stiévrig	steif, stark, untersetzt.
Stillkesdriver	ein Scheinheiliger.
Stinkviester	ein Mensch, der körperlich einen üblen Geruch verbreitet.

Stiepel	eine Stütze; stiepeln: stützen (technisch).
Stipp	Punkt; op den Stipp; sofort, auf der Stelle; (du kömmst op den Stipp nor Hus!) stippen, instippen: tunken, eintunken.
stöefern	Staub ausfegen, etwas forttreiben, auseinanderjagen; Handstöefer: kurzer Haarbesen.
Stothake	Habicht, Sperber, Stossvogel.
strack	gerade auf; strack düär goahn: kräftig unermüdet einherschreiten.
stracks	sogleich, nachher; (ek komme stracks!).
Strick	ein Schalk; dat es en Strick vom Jungen; ein durchtriebener Junge.
Striemel	Streifen von Zeug, Leder etc.
Striepe	eine buntgestreifte Kuh.
Strippse	gelinde Schläge, Prügel.
strüllen	uriniren, pissen.
Strunk	Krautstengel (Kohlstrunk).
Strunzel	Spottname für eine schmutzige Weibsperson(Schlunze).
strunzen	etwas sehr berühmen, prahlen; Strunzmichel: Prahlhans.
Struotte	Kehle, Gurgel.
stuacken	das Feuer schüren.
stüäckern	hetzen, aufreizen (altdeutsch: anstoker: Anzünder, bildlich: Anschürer).
stüven	an Bäumen die Zweige abhauen, die Gipfel abkürzen.
Stumpax	ein unwissender Knabe.
Stuopp (m.)	das Hintergesäss.
stupp	betreten; stuppig: etwas betreten werden. (he wurde ganz stupp (stille).
stuur	starr, stramm, stämmig.
Stuten	Weissbrod, Semmel (griechisch: σιαιτός).
Stutenmand	Honigmonat, Flitterwochen; passt für Westfalen, wo früher Schwarzbrod das gewöhnliche Nahrungsmittel war, und Stuten (Weissbrod) als eine Festkost betrachtet wurde.
Süchelte (f.)	Gaisblatt.
süeckeln	bummeln, schlottrig gehen, mit schlaffer Körperhaltung reiten.

Süggel	Schusterpfrieme, Ahle.
sülen	im Schmutz sülen: herumwühlen (altsächs.: sulian: beschmutzen).
Süll (n.)	die Schwelle des Hauses (gothisch: suella). komm mi nit åufert Süll!
Süster	Schwester.
süss	sonst, umsüss: umsonst (gratis und frustra).
Sul-läxe	eine Axt, mit der die Zapflöcher eingehauen werden.
süöppeln	Neigung zum öfteren Schnapstrinken in kleinen Portionen.
Sürlink	Sauerampfer.
Suoge (f.)	das Schwein.
Supen	eine Mehlsuppe.
Sur	Essig.
Surmaus	Sauerkraut.
susen	Kinder in den Schlaf lullen; (suseninken suse, drei Waigen in enem Huse).
Swaam	heisser Dunst; Brodem.
swabbeln	hin und her bewegen; z. B. ein Gefäss mit Flüssigkeiten; (swabbel nitt so, huolt still). „Geschwibbelt un geschwabbelt vull „Nach altem Brauch und Recht" (aus einem alten Dortmunder Trinkliede).
Swalk	dicker stinkender Rauch.
swanke	schlank, gewandt, elastisch.
Swéne	Schweinehirt; (altsächs.: suin: Schwein).
swickendevull	übervoll (bei Flüssigkeiten), über die Maassen voll.
swoan	et swoant mi wat; eine Vorahnung, eine dunkle Erinnerung haben.
Sypel	Zwiebel (Zippel, Zipolle).
Täckel	Dachshund.
täöteln	langsam beim Reden und Arbeiten sein.
taggen	sich zanken, Wortwechsel haben.
Taigel	Ziegel; Taigelsteen: Ziegelstein; Taigeligge: Ziegelei (lateinisch: tegula: Dachziegel).
Taike (f.)	bedeutet ein gewisses Ellenmaass; Bett- und Kissentaike: Ueberzüge von starker Leinewand.
Taiwe	ein Stück; Gembertaiwe: ein Stück Ingwer.

Talps	ein dämlicher, ungeschliffener Mensch.
Tate	Vater; auch Torte; Appeltate, Prumentate.
tau	zu, verschlossen; he kömmt vüär de taue Düähr; man tau: nur zu, vorwärts.
te	(Praep.) zu; te Düartem; te gliek: zugleich; te pass: zu gute; te Huafe goahn: draussen die Nothdurft verrichten (auf dem Lande), (altdeutsch: hoven: nöthig haben, brauchen).
Tek'n	das Zeichnen (altdeutsch: tekan).
Telge	junger Eichenstamm (altsächsich: ekentelge); Telgenkamp: eine Anpflanzung von jungen Eichen.
tellen	zählen (altsächsisch: tellian); vertellen: erzählen.
ter buten	da draussen.
ter Tid	zur Zeit, jetzt.
ter tüschen	dazwischen.
terrügge	zurück.
tetteln	schwatzen; Tettelkunte: Schwätzer.
Tewe	die Zehe.
Throan	Wagenthroan: tiefes Wagengeleise; im Throan sin: benebelt, betrunken sein.
Tiäke	Holzbock, Hundszecke (eine Art Milbe).
tiärgen	necken, reizen, ärgern.
Tid	Zeit (altsächsisch: tid); tidig: zeitig; bi Tide: bei Zeiten; to Tide: zu Zeiten; er Tid: sonst, vor Zeiten; Tidverdriff: Zeitvertreib.
tiéggen	gegen; tiéggenain: gegeneinander; tiéggenäuffer: gegenüber.
tiént	künftig; tiént Fröhjohr, tiént Sommer, tién Udag (den 1. Mai), tiénne Wiäkke: nächste Woche.
tiépsken	körperlich necken, puffen, stossen.
Tiéve	die Hündin.
tiggen	tilgen, eine Schuld tilgen; betiggen: Jemand in Verdacht haben.
Tigges	Epheu (Hedera Helix).
Timpen	Tipp: die Zipfel am Tuch.
Töne	Theke, Ladentisch, der Geldkasten im Ladentisch (altdeutsch: Tonbank: Schautisch).
töes	brünstig, die Hündin, wenn sie läufisch, ist töes.

töwern	zaubern, Hexerei treiben (altsächsisch: betaveren: bezaubern).
tohbästig	zähhäutig; en Tohbäster.
tohop	zusammen; all tohop: alle miteinander.
tokken	locken, verleiten (altsächsisch: antocken: anlocken, heranziehen.
Tomsblatt	ein Quartblatt Papier (lateinisch: tomus; griechisch: τόμος), ein Abschnitt, Stück, Theil eines Buches.
Topp	der Wipfel eines Baumes.
Tort (m.)	Neckerei, Verdruss; Jemand einen Tort anthun: absichtlich ärgern, entgegentreten (französisch: tort: Unrecht).
Trallge	Eisengitter am Gefängniss.
trampeln	treten, scharren, aufstrampfen; Trampelfest: ländliches Tanzvergnügen.
Trannt	Gewohnheit; he gaiht sinen Trant fort.
trasakken	körperliches, derbes Necken, maltraitiren.
Trecke	Schublade; trecken: ziehen (altsächsisch: tiohan)
Treckosse	Zugochse.
Treckpott	Theetopf.
trendeln	sich aufhalten, verzögern, säumen; (Trendelkunte).
tribuleeren	plagen, drängen, ungestüm bitten.
Triètlink	eine Treppenstufe.
Trissél	eine einfache oder zusammengesetzte Rolle. Früher stand in Dortmund auf dem Marktplatz eine Trissél (eiserner Drehkäfig), worin die Bauernweiber, wenn sie zu leichte Butter zu Markte gebracht hatten, zur Strafe getrisselt wurden (bis zum Erbrechen) [altsächsisch: thringan, ängstigen, drillen].
tröätschen	Vielerlei und Unsinn sprechen.
tüättern	schwerfällig sprechen, stottern.
tuarkeln	schwankend einhergehen; betuarkelt: benebelt, betrunken.
tünnen	das frisch gebraute Bier auf Fässer füllen
tüesseln	zerren, zausen, rütteln.
Tüntel	Zunder; Tünteldause: ein launenhaftes, eigensinniges Frauenzimmer.

Tüǔns	ein Faselhanns; Tüǎnns: Taufname, Anton.
tüsken	zwischen; unnertüsken: inzwischen.
Tüte (f.)	das Ausgussrohr an einer Kanne.
Tütebelle (f.)	ein Fischnetz mit einer Holzstange zum Auf- und Niederlassen im Wasser.
Tuhn	Zaun; Tuhnstaken: Zaunpfahl; Briätt-Tuhn: Bretterzaun (altsächsisch; intunen: einzäunen).
Tuhnraue	die Haselruthe, zum Geflecht in einer Lehmwand gebraucht.
tuken	schlecht nähen, einen Riss oberflächlich wieder zusammenziehen.
tuatteln	hastig, im Eifer sprechen; sik vertuatteln: beim Reden den Zusammenhang verlieren.
Turrflalge	Bremse, Viehbremse.
tuten	auf einem Wacht- oder Kuhhorn blasen: Tute, Düte.
twiäs	(altsächsisch: dwâs) quer, verkehrt; Twiäskopp: Querkopf; Twiäsdriver: Quertreiber; Twiäspipe: Querpfeife.
Twiéllen	ein Baumzweig.
Twisack	ein Sack, der in der Mitte durch eine Schlitze geöffnet und in beiden Enden gefüllt über der Schulter getragen wird.
U	euch, euer; ek meine U! ek segge U; det es U Sake.
üäferkäpsch	mit den Augen schielen (altdeutsch: overkepsch).
üäferlank	vor einiger Zeit, vor kurzem (altdeutsch: overlank).
Uäferstülpung	zu viel gegessen, getrunken, den Magen verdorben haben; bedeutet auch: Ohnmacht, auferstölpen: überrumpeln.
Ualge	Oel, Rüböl.
Uchte	die Morgenfrühe, vor Tagesanbruch; Uchtewiärk, Uchtedreschen, Uchtemesse (altsächsisch: uhta).
Udag	ṫién Udag: Maitag. Bezeichnet hauptsächlich den 1. Mai als Dienstantritt der Knechte und Mägde (daher maien: Dienstboten miethen) [ein uraltes Wort]; dat es U Dag!??
Uebelgönne	so wird in Dortmund ein nordwärts vor dem Westen

thor gelegener Nebenweg benannt; (altdeutsch: avelgunne: verrufener Ort des Teufels).

Uelk	Iltis, Marder.
üelmen	qualmen.
üms	Jemand; nüms: Niemand.
ümkippen	umfallen, aus dem Gleichgewicht kommen. (de Stauhl kippt üm).
Uörgelister	Organist.
Ueterbuck	ein Ziegenbock als Zwitter (Hermaphrodit), dessen Milch von penetrantem Geruch ist; (he stinkt as en Ueterbuck).
Uhle	Steinkrug mit weitem Halse (altsächs.: ula).
Ulk	Unsinn, tolles Zeug.
Unband	ein muthwilliger, ausgelassener Junge.
unbeschuft	unbescheiden, unverschämt, besonders im nehmen und zugreifen.
Unduogt	ein muthwilliger, dreister junger Mensch, Taugenichts, Unart (im milderen Sinne). (en undüegenen Keel: ein Mädchenjäger).
Ungel (n.)	Talg, Fett, Unschlitt.
unlieg	aufgeregtes Thun und Treiben, sehr beschäftigt scheinen.
Unnerstunne	die Feierstunde der Dienstboten und Arbeiter.
unnöd	ungern (ek daun et unnöd!).
unpar	ungleich; par oder unpar? (par-impar).
Unrast	ein unruhiger, beweglicher, lebhafter Mensch.
Unsel	elender Mensch; unselig, unwohl, übel werden.
Uolfuozküken	Uhlenküken; Uhlenkopp: Dummkopf, Dummerjahn, ein beschränktes und dabei hässliches Frauenzimmer.
Uotterigge	vergebliche, mühsame Arbeit, abrackern, ohne zu gelingen.
ut	aus (altsächs.: ut); utein: auseinander, uttrecken: ausziehen; achterut: hintenaus.
uter	ausser; he es uterm Huse; he es uter sik; dat es uter schlechte Waare: das ist lauter schlechte Waare.
Utgabe	Rednergabe; (de Pastoer hiät ene guodde Utgabe).

utkunsen	auskundschaften.
Utlucht	im Hause der Raum vor der Stubenthüre, der Vorbau am Wohnhause, Holzlaube.
utstavelren	austatten.
utstifflleiren	ausdenken, ausklügeln, aushecken.
vadder	neben, nebenbei; Vaddernuoth: Doppelnuss; Vadderprume: Zwillingspflaume.
Vahr	Vater (altsächs.: fadar).
vake	oft.
vakken	zum Vergnügen oft müssig einhergehen; von einem derartigen Frauenzimmer sagt man: Sei hiät de Vakkschüätte (Laufschürze) an.
vam	vergangen; vam Winter, vam Sommer; van er Wiäke: vergangene Woche.
vandage	heute, vanmorgen, vanmiddag, vannomdag, vanabend.
van-én	voneinander, auseinander, entzwei, zerbrochen.
Vent	leichtfertiger Bursche (ein uraltes Wort, welches eigentlich „Fusssoldat" bezeichnet).
verbaisten	verthieren, thierartig werden.
verbastern	aus der Art schlagen, in der Fortpflanzung schlechter werden.
verbistern	sich verirren, irre werden.
verblüffen	irre machen; der Volkswitz sagt: das elfte Gebot heisst: laat di nit verblüffen!
verbroddeln	etwas verwirren, verderben; z. B. beim Stricken, Weben etc.
verdöckert	verteufelt (dat es verdöekert wenig!).
verdümpeln	vertuschen.
Verfang	bei den Thieren (Rindvieh) Erkältung, Aufblähung, z. B. wenn dieselben nassen jungen Klee gefressen haben (Windsucht).
verflieten	verflossen, ehemals.
verfumfeien	vergeuden, verschleudern.
Vergang	Zeitvertreib, Erholung.
verhackstücken	etwas besprechen, überlegen.
verhaseléren	durch lustiges Leben, leichtsinniges Treiben sein Hab und Gut verbringen.

Verhud	Versteck; sich verhuden: verhüten, verstecken, verbergen (altdeutsch: huden: sich verstecken).
verkindscht	kindisch, Geistesschwäche des Alters.
verklüngeln	durch Nachlässigkeit, Unachtsamkeit, Leichtsinn seine Habe verbringen.
verknusen	etwas nicht verdauen, nicht vertragen, nicht begreifen können.
verknutschen	etwas durch zusammendrücken, rauh anfassen, verderben, zerknittern.
verlién	verflossen, ehemals.
Verläv	Verlaub; met Verläv: mit Erlaubniss; met Verläw te seggen: eine Höflichkeits- und Entschuldigungs-Formel.
verlustéren	sich eine Lust, ein Vergnügen machen.
vermantenéren	etwas durchsetzen wollen, z. B. mit Geld etc.; ek kann et mis vermantenéren!
verpanteln	verschleppen, vertrödeln; — dat Wief verpantelt alles!
verplämpern	ein übereiltes Eheversprechen eingehen.
verplext	unverhofft, plötzlich verlegen, bestürzt werden.
verplieten	versessen, verpicht auf etwas sein.
verplüstern	zerzausen, beschädigen, verderben.
verpräsen	sich den Magen verdorben haben.
verpusten	verschnaufen, nach anstrengender Arbeit sich ausruhen.
verquanns	(vel quasi) so von ungefähr, zum Schein; verquanns spielen: ohne Einsatz, ohne Werth spielen.
verquändeln	verquästen: vertändeln, verbringen.
verquinen	verkümmern, nach und nach vergehen.
verrecken	wie ein Vieh sterben.
verschluddern	verschluren: versäumen.
versupen	ertrinken.
vertellen	erzählen; Vertellsel: fades Geschwätz.
vertestavéren	verschwenden, verschleudern, durchbringen.
vertrackt	unangenehm, verdriesslich, verwickelt; (dat es 'ne vertrackte Sake).
Verwlémbrod	Weissbrod, zerschnitten und mit Butter und Eiern in der Pfanne gebacken.
verwieten	(Jemandem etwas): etwas zum Vorwurf machen.

Vleksstock	Bohnenstange.
Viesenöller	Schleicher, Horcher, Schnüffler.
vlesten	einen leisen Wind abgehen lassen.
viggelant	hübsch, schmuck, adrett, in die Augen fallend (eine viggelante Dirne).
Vigölken	das Veilchen (viola odorata).
vitsken	ein ganz klein wenig.
Vläbbe (f.)	Maul, Maulschelle.
Vorwarden	Vorbedingungen beim Kauf und Verkauf, bei Verpachtungen etc.
vrangen	ringen, balgen (angelsächsisch: vringen).
vringen	das Ausringen der Wäsche etc. (gothisch: vringen: drehen, ringen).
Vüärbedriff(m.)	Vorzeichen, Vorahnung, Vorbedeutung (Geisterwelt).
vüärdüässem	vor Zeiten, ehemals; nochdüässem: nach dieser Zeit.
vüärfauhts	vüärfauhtsweg: vor den Füssen weg, ohne Auswahl, wie es vorkommt, zu nehmen; Se gängen vüärfauhts achterén: einer nach dem andern (Gänsemarsch).
wabbeln	quabbeln von Fett; et es mi so wabbelig (so leer) im Magen.
wackerig	wach; büst du wackerig?
wahnschapen	unvernünftig, toll, unbedacht handeln.
wahrschauen	warnen; ek wahrschaue di! (Drohung), gewahrschauet bedeutet im Friesischen: benachrichtigt.
wakür, wecker:	welch' einer, wer ist das?
walken	durchprügeln.
Wall	Wallgarten, ein mit grüner Hecke eingefriedigter Garten.
Wandlus	Wanze.
Wandschnieder	Mitglied der Wandschneidergilde. — Zur Zeit des Zunft- und Innungswesens die Gilde, welche ausschliesslich das Recht hatte, mit Wand (Wollentuch) zu handeln.
Watbra	die Wade (altdeutsch: brat: das weiche Fleisch am Menschen, Schenkel, Wade).
watt	was; bedeutet auch: wenig.

Wau wau!	Wahrwulf, Popanz; ein erdichtetes Ungeheuer, womit man die Kinder schreckte.
Weddepoot	so wurden die in Dortmund befindlichen vier grossen Wasserbehälter benannt. Kolk, Schwemme, Brandteich, Wedde: Busse, Strafe, Wette. In Hamburg wurde früher der Rathsherr, der die Polizeiverwaltung hatte, Weddeherr genannt.
wellbärig	widerspenstig, unfolgsam.
Wemse	Prügel; wemsen: prügeln.
Wiäckelte	Wachholderstrauch; Wiäckeltenbiäre: Wachholderbeere.
Wiälldage	Tage des üppigen Wohllebens; diän plaaget de Wiälldage! —
wiällig	muthwillig, übermüthig.
Wiärhahn	Wetterhahn, Wetterfahne.
Wiärmefrau	Wartefrau bei neugeborenen Kindern.
Wiärwickel	Tannenzapfen [als Wetterprophet], (altdeutsch: pinappel: Tannapfel).
Wiäsboam	Bindebaum, Heubaum, Wiesebaum, womit die Korngarben, das Heu etc. auf dem Wagen von oben festgeschnürt werden.
Wiässe	die obere Fläche des Fusses, vom Gelenk bis zur Zehe.
Wicht	ein junges Mädchen, Dienstmädchen.
Wickl	en bim Wickl kriegen, Jemand greifen, hart anhalten, zur Thüre hinauswerfen.
Wiéne	kleines Geschwür an den Augen (Gerstenkorn).
Wiéddemann	Wittwer; Wiéddefrau: Wittwe.
Wiebelbohne	Pferdebohne, Saubohne (vicia faba).
Wiesche	Wiese, Weide.
Wiesemader	Hebamme.
Wiétke	Molkenwasser, Waddeke.
wikken	wahrsagen, prophezeien (angelsächs.: wicca: Hexe).
Wiltwass	Sehnen, Flechsen im Fleisch.
Winkaup	Winnkaup: Kaufgeld, das Miethsgeld beim Gesinde.
winnen	die Pacht eines hörigen Bauerngutes erneuern (altsächsisch: anwinnen: in Dienst nehmen).
Wippe	Schaukel.

Wippstiärt	Bachstelze; ein beweglicher, unruhiger, leichtfüssiger, junger Mensch.
wis	wissend, kundig (altsächs.: wis). he es dat nit anners wis; me maut iäm dat nit wis maken: ihn damit nicht bekannt machen, nicht verwöhnen.
Wischeldauk	Brusttuch für Frauenzimmer.
wisse	sicher, gewiss; wis und wahrhaftig! (eine starke Betheuerungsformel).
witteln	weissen, tünchen mit Kalk; (mit dem Wittelquast)
Woappen	Ach- und Wehgeschrei, Zeter. O Weh, o Woappen äuffer Schiiren un Brakel! (Dortmunder Chronik).
Wock'n	Spinnrocken.
Woort	umgrenzte Besitzung, mit Zaun umhegter Platz; Müänkenwoort: Klosterplatz. (Woortmann, Familienname.)
Wuarmey	Wermuth (artemisia absinthium).
wuarmätrig	wurmstichig.
Wuottel	Mohrrübe, Wurzel.
Wuottelbuk	ein kraftloser Mensch, mit schwammig dickem Bauch.
wuotteln	sich körperlich anstrengen, vergeblich abmühen.
wupp!	wuppti: schnell, in einem Nu!
wutsch'n	schnell vorbeieilen, wegschleichen, sich rasch aus dem Staube machen.

Bezeichnung der Abstufungen des jugendlichen Alters.

Bluge	Kind	1 bis 2	Jahr alt.	
Poast	do.	3 - 4	-	-
Knäpper . . .	do.	5 - 7	-	-
Stöever . . .	do.	8 - 10	-	-
Wässling . . .	do.	11 - 14	-	-
Schnäckling . .	do.	15 - 19	-	-
Vullwassend . .	do.	-20	-	-